結婚一年生

入江久絵

sanctuary books

約1年前…
パパパパーン
ジャーン
付き合って3年の彼と
23才で結婚した私
当初は張り切って新妻を演じていた私も…
そうじ
かけいぼ
やりくり
料理
本日のディナー
・ごはん ・かにかま
・やきそば ・しおから
汚部屋
散財
結婚3ヶ月目あたりでトーンダウン…
おまえ、もうちょっとは主婦らしいことやってくれよ
なにがー?
ポリポリ
別に女たるもの主婦におさまれって言ってるつもりはないけど…
もうちょっと家庭を築く気持ちを持ってくれよ
すてきな家庭

あ、
そういうことね。
まぁ、いつかはねー
……
もともとだらしがない私は、旦那がしっかりしているのをいいことに
フラワーはいらん!!
そのだらしなさに一層磨きをかけていました
そんなある日のこと…
旦那の実家は家から程近く、週末はよくみんなで集まります
義姉
義兄
義母
義父
そう、その日もいつも通りの楽しい夕食のはずだったんですが…
新婚生活は楽しいか?
あ、はい。もちろ…
ピクッ
それがさー。聞いてよヒドイんだって!!
ドカン
ビクッ

まずさー。
基本的に
朝ごはんを作って
くれないわけ
で、炊飯器に
入れっぱなしで
黄色くなった
メシを食わ
されるわけ
たーんと
おたべ☆
1晩ねかせた
あのウマさ!!
汗
アイロンもかけて
くれないしさー。
あ、そもそも洗濯した服だって
まともにたたまないし、
もちろん掃除だって
気が向いたときしか
やらないし、
しわ〜
ハンカチ
3ヶ月
放置中
……
Mt. IRIE
お金の管理も
かなり適当だし、
夕食で袋に
入ったままの
チクワが
出てきたし…
おいしいちくわ
あたふた
あたふた
基本的にゲーム
だけだね、
まじめに
やってるのは
・・・・・
それはないわーー

いや、これは、あの…すみません
久絵さん…こんなことはあまり言いたくはないんだが…
男っていうのはな妻の支えがあって、ようやく一人前になれるんだぞ
ガンバルゾ!
家に帰るとやすらげる。家に帰るとおいしいご飯が待っている
おつかれさま
ただいまー
うまそうだー!
たくさんたべてネ
単純かもしれないがだからこそ男は外でがんばれるもんなんだよ
はい、すみません…
帰宅後…
ずううん
お、おい…

なによ!
汚い、汚いわよ
よりによってお義父さんたちの前で愚痴ることないじゃん!!
ご、ごめん
サイテー!!
女子↑
夫
100
0
こんなやり方、ないわ!
あんたなんて女子からの好感度が下がりまくりよ!!
誰?
オイ!!
いや…確かにやり方は良くなかったけどさ。
こうでもしないとお前一生そのままじゃん
……
オレはお前と一生仲良く暮らしたいと思ってるんだよ
でもこのままじゃ…
このままじゃ…
いつかきっと破綻するよ
もう知らん!!
勝手にしろ!!
だからさ今後のことを一緒に考えていこう。
オレも協力するから
……うん
今まで迷惑かけてごめんね…
さすがの私も反省…

結婚するということは
同じ夢に向かって
一緒に努力していくこと
お互いが相手を
思いやって
生きて
いくこと
夢
この事件をきっかけに
結婚生活を豊かに過ごす
ためにはどうしたらいいのか
真剣に考えるように
なりました
そんな中で
生まれたのがこの本です
結婚生活において自分自身が
知っておきたいと思った
「お金」
「健康」
「マナー」
「家事」
について各専門家の
先生方に取材し
1冊にまとめました
クゥー
ペコリ
ハァァァァ
「緊急で困っているわけ
じゃないけど
気になっていること」
「今さら人に聞けないこと」が
あなたにはありませんか?
この本がそれらの疑問や不安を
きっと解決してくれるはず
こんな
絵だけど
使え
ます!
ぐっ
あなたの結婚生活の
お役に立てることを願って
ヤッター!!
パチパチ

お金のこと

健康のこと

マナーのこと

家事のこと〔料理の基本編〕

家事のこと【掃除&洗濯の基本編】

家事のこと【収納の基本編】

入《いり》江《え》家《け》

妻・ひさえ

結婚1年目の新妻。
花嫁修業ゼロで嫁いだため新婚生活は
トラブルつづきだったが、ある事件を
きっかけにステキ主婦を目指すようになる。
無類のゲーム好き。
身長175cmで旦那より3cm高い。

夫・とおる

ひさえの旦那。
専門学校時代に知り合ったひさえと、
3年の交際を経てめでたく結婚。
好きなものは、チクワやカニカマなどの練り製品。
世界一しあわせな家庭を築くのが夢。

お金のこと

家計の基本
給料日前の入江家
○×銀行
ガー
まずい
普通貯金
残200円
今月もお金がない…
仕方ない 今月もアレを出すか…
その夜…
オイオイ またこのメニューかよ…
今夜のメニュー
肉なしカレー
だって お金ないんだもん。仕方ないでしょ! それにしても…
夫よ、何故うちはこんなにお金がないのさっ?
つくれども つくれども 楽にはならず… フフ…
ビンボーキャラはやめろ!!
造花1000本
オレは人並みに稼いでると思うんだけど…
ちょっと家計簿見せてよ
ギクッ
あー家計簿ね… 3ヶ月前のならあるんだけど…
文句たれてる時間があったら家計簿くらいはつけろよ!

だってすごく
面倒だし…
家計簿つけても
お金は貯まらないじゃん！
コイーン☆
それだったら
ゲームやってる方が
まだマシかなぁ…
なんて
おお前ってやつは…
オレは車だって家だって
欲しいんだ！
それなのにこんな状況じゃ
子どもだって作れないよ！
私だって
好きでこんな生活
してるんじゃないもん！
うわあああ
ふがあああ
数時間後…
くそ～
お金かぁー。
なんかいい情報
ないかな…
ゴロゴロ
こ、
これは…！
お金のプロ
ファイナンシャルプランナー
お金のプロ…なんてステキな響きなの？
どうか入江家を
救ってくださいな

数日後…ビンボー生活を改善すべくファイナンシャルプランナーの辻先生のもとに相談をしにやって来ました
……というわけなんです
うーん…そうか
まず言えるのは結婚したらお金に対する意識を変えなきゃね！
独身のときっていうのはお金を好き勝手に使っても自分だけの問題ですんだけど…
ワイキキ!
友人とパァっとハワイに行く私
ブランドのみせ
ボーナス払いでバッグを買う私
結婚すると相手や将来のことも考えないといけないからね
具体的にやることとして…まずはどんな一生を過ごしたいのかっていう夢や目標を夫婦で真剣に話し合うこと
どんな一生を過ごしたいか…か。目先のことは考えても、将来のことを具体的に考えたことはないかも…
そういう人は、ライフプラン表を作成してみるのがオススメ。お金と向き合ういいキッカケにもなると思うわ
ライフプラン表
なんですかそれは!?

ライフプラン表

西暦		20XX	20XX	20XX	20XX
経過年数		0	1	2	3
夫	年齢	32	33	34	35
	予定		くるま		マイホーム
	予算		150万円		2,500万円
妻	年齢	26	27	28	29
	予定	海外旅行			
	予算	50万円			
子ども	年齢	0		2	3
	予定	出産費用			幼稚園
	予算	40万円			50万円
合計予算		90万円	150万円		25

これならわかりやすいし夢も広がって楽しいかも！

ライフプラン表とは…

自分や家族が「何年後に○○をしたい」という夢や目標を立て、それにはいくらかかるかを表に書き込んだもの。何年後にいくら必要になるのかが目に見えてわかるので、具体的な資金計画を立てやすくなる。

ライフプラン表の見本を、
こちらからご覧になることができます。

お金と向き合うことは、自分たちの夢や目標と向き合うことでもあるってわかるでしょ

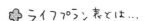

ライフプラン表を作成して、今後の出費が把握できたら次はお金の管理よ
ビクッ
……
基本はやっぱり家計簿をつけること。お金を貯めたいなら家計簿は手放せないわ！
かけいぼ
やっぱり家計簿ってつけなきゃダメなんですかね。面倒くさくって…
真面目な人ほど、結構挫折しちゃうのよねー。計算が1円合わないとかって言って…
あ、それ私ですもしや私って真面目なんですかね…
てれてれ
ムキー!!
家計簿は1円や100円合わなくたっていいのよ
目的は「つける」ことじゃなくって家計の経済状態を「把握する」ことだから
なるほど!!
家計簿をつけるのが苦手という人にオススメしているのがレシート家計簿

レシート家計簿

買い物でもらったレシートを保管しておき集計するだけの簡単家計簿術

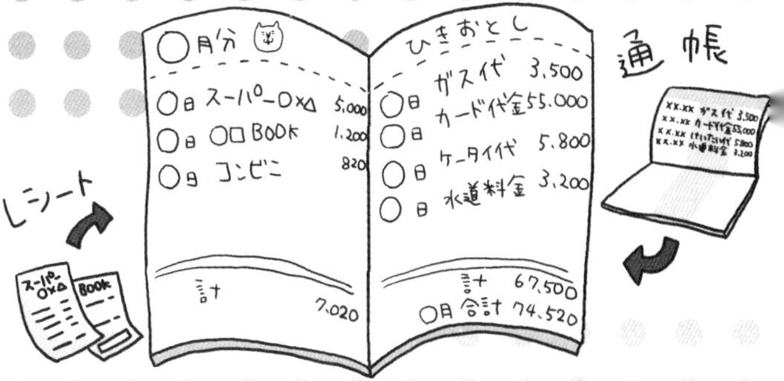
○月分
○日 スーパー○×△ 5,000
○日 ○□BOOK 1,200
○日 コンビニ 820
計 7,020
ひきおとし
○日 ガス代 3,500
○日 カード代金 55,000
○日 ケータイ代 5,800
○日 水道料金 3,200
計 67,500
○月 合計 74,520
通帳
レシート
スーパー○×△
BOOK

つけ方

◆ レシートの発行日と発行元だけを家計簿に転記
◆ カードや口座から引き落としているものは明細（通帳）で確認して転記
◆ 費目別（食費や日用雑貨など）に分けない

たったこれだけでOK！ この方法だと、「これは、どの費目に入れるべきか」といったことで悩む必要がないのでわずらわしさが減り、家計簿をつける時間も短縮できる。

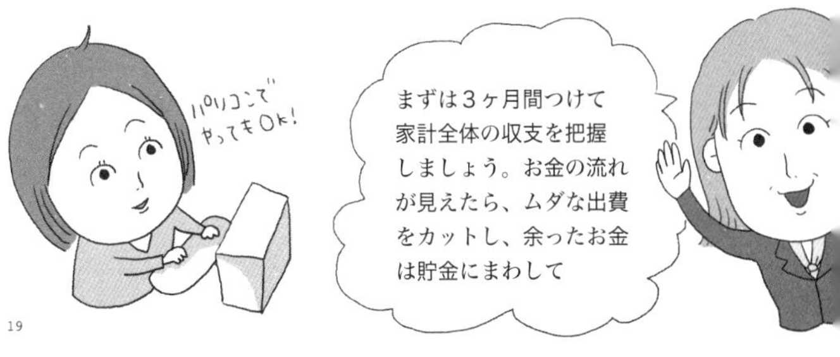
パソコンでやってもOK！
まずは３ヶ月間つけて家計全体の収支を把握しましょう。お金の流れが見えたら、ムダな出費をカットし、余ったお金は貯金にまわして

あの…生活費の平均額ってありますか？
自分がふつうなのか不安で…
それはなかなか難しい質問ね。個人のライフスタイルや子どもの有無によっても違ってくるし。それに、田舎と都会じゃ物価も違うもの
そっかー
でもまぁ、だいたいの目安はあるわよ
おっ!!

生活費の目安

家庭によってお金をかけたい優先順位は違うだろうけど一応これが目安ね。「臨時出費」用のお金は別にしておいた方が○

- **家賃**：どんなに高くても、手取りの30％までにおさえて
- **貯蓄**：最低でも10％は貯蓄へ。共働きなら30％以上目標！
- **食費**：10％程度。食べ盛りの子どもがいる場合は15％を目安に
- **光熱費**：夏と冬は上がりがち。年平均10％を目指して
- **臨時出費**：10〜15％。冠婚葬祭や帰省費、医療費など。いざというときのためにストック
- **趣味・交際費**：10％。他の費目が厳しくなったときに削りやすいのはココ
- **その他**：10〜15％。日用雑貨・小遣い・衣類費・自己投資など

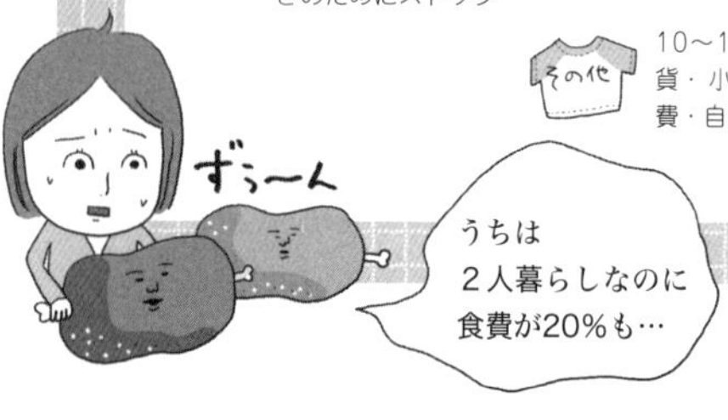
ずぅ〜ん
うちは２人暮らしなのに食費が20％も…

へー。貯蓄は1割か…
その様子だとできてないんですね…
まぁ…そういうことになりますね…
入江さんのところって共働きでしたよね？
はい！
？
そうしたら理想は旦那さんの稼ぎですべてをまかなって、
入江さんの稼ぎはすべて貯金するのがベストなんですけどねぇ…
貯蓄!!
私の分をすべて貯金だなんて…
今は共働きでも、女性は出産や子育てがあって、ずっと働き続けるとは限らないじゃない？いつ稼ぎ手が1人になっても大丈夫なようにしておかないと！
たしかに…
私みたいなグータラ人間はどんな方法で貯蓄するのがオススメですかね？
ずばり、先取り貯蓄よ!!

先取り貯蓄の方法

会社での「財形貯蓄」

勤務先が導入している場合はオススメ。
勤務先で手続きするだけで、給料やボーナスから一定額が天引きされ、自動積立をすることができる。
金利面、税金面でのメリットが期待できるほか、引き出すのに多少の手間がかかるため知らず知らずのうちに貯まる。
「一般財形貯蓄」「財形住宅貯蓄」「財形年金貯蓄」の3つに分かれる。

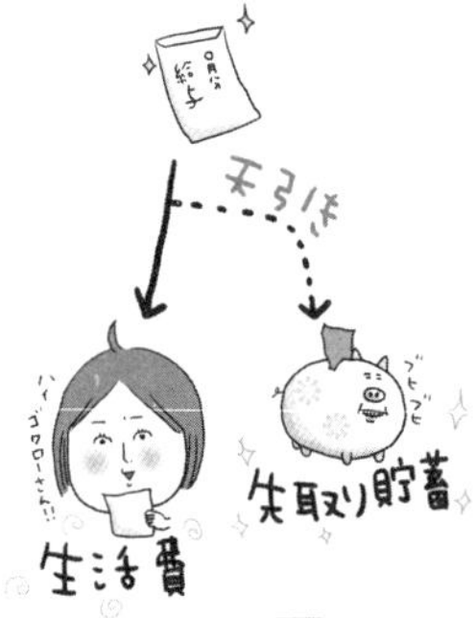

銀行などの「自動積立」

勤務先が財形貯蓄制度を導入していない場合は、毎月自動で積立ができる銀行などの「自動定期積立」を活用。

先取り貯蓄は給料が口座に振込まれたら一定の額を他の口座に移す方法。その口座は目的用途以外ではさわらないで毎月積立ていくの

子どもの将来のための教育費用口座、家を買う予定があれば住宅資金用口座など、目的別に口座を作って、毎月一定額を入れていくのもGOOD。

残った分を貯蓄にまわすって人も多いけど…人間って不思議なもので、あればある分だけ使っちゃうと思わない？
ゲーム
がっちゃーん!!
ギクッ
そ、そうですよねえ…
へへへ…
あとボーナスをアテにしないこと！
夏のボーナスカットだ…
!!
いつボーナスカットになるかわからないからね
ボーナス一括払いなんてもってのほか！
夏のボーナス一括で!!
ヒイイイイ
ボーナス一括でPCを買った人
…入江さんまだ今からでも間に合いますよ
ホントですか!?
もちろんよ。元気出して！
ぐっ
じゃあ、さっそく旦那のこづかいをカットしなきゃ！
グフフフ…
大丈夫かしら…この夫婦…

家とお金
あっ！
ちょっとのぞいていかない？
お、いいねぇ！
どうぞご自由に～
なんてステキな玄関！
いらっしゃい
システムキッチン！
リビング広い！
子ども部屋カワイイ！
欲しい。この家、欲しい！
こちらの物件価格…5000万円です。とぉ～ってもお買得ですよ
その価格に土地代は…
入っておりません！
!!

どうせ…
でもさ。5000万って聞いてビビったけど、じゃあうちの年収でいくらの物件が買えるんだろう？
たしかにねー。それに買うタイミングもいまいちわからないよね…
数日後 また辻さんの元へやってきました
今日は夢のマイホームについてよね
じゃあまず入江さんはなんで家が欲しいの？
え!? だって自分の城みたいでイイかなって
マイ城
ははは なるほどねー。でもそれって逆に考えれば長い年数その場所に縛られるってことでもあるわよ
うっ たしかに……
むぐ
だから、まずは賃貸と持家のメリット・デメリットを見て自分たちにはどちらが合っているのか、夫婦で話し合うことが大切よ
賃貸
持家

持家
賃貸
メリット
1 老後、家賃の心配がない
2 リフォームしやすい
3 一般的に賃貸に比べ、家の構造が丈夫
安心
1 住み替えがしやすい
2 住宅ローンに縛られない
デメリット
1 住宅ローンに縛られる
2 住み替えがしにくい
どーもー
ローン
1 老後の家賃負担
2 リフォームしにくい
ドキドキ
年金
しっかり検討してね
たしかに、自分の家を持ったら簡単に引越しはできないか…
転勤が多い人は住宅購入を慎重にした方がいいわね
メリット
デメリット
あとちょっと遠い話になるんだけど…。一生賃貸の場合年をとればとるほど家を借りにくくなるの…
だからそのときに保証人（子どもや親類）がちゃんといるかどうかも心配ね
賃貸と持家はどっちがお得なんですか？
借りる OR 買う
それは難しい質問よ。それぞれメリット・デメリットがあるし、ライフプランの変化によっても違ってくるしね
なるほど
あと、買うとなったら今度は一戸建てとマンションで迷う人もいるでしょ。これについてもメリット・デメリットがあるからちょっと見てみましょう

	一戸建て	マンション
メリット	1 家だけでなく土地もすべて自分のもの 2 好きなようにリフォームできる 3 管理費や修繕積立金がかからない 4 音にさほど気をつかわなくていい 5 ペットが自由に飼える 6 庭があることが多い	1 敷地内の掃除、管理をすべて管理会社がやってくれる 2 駅近物件が多く通勤などに便利 3 キッズルームやラウンジなど共用施設が充実している物件が多い 4 高層階は眺めがいい 5 1981年以降に建てられた物件は構造が丈夫で耐震性や気密性、耐熱性にも優れる 6 階段が少なく住みやすい
デメリット	1 郊外、駅から遠いことが多い 2 家のメンテナンスを自分たちでおこなう 3 マンションに比べ他者が侵入しやすい	1 管理費や修繕積立金が毎月かかる 2 音に気をつかう 3 ペットの飼育に制限がある

40ゴロウ王国

40ゴロウ王国

どちらのライフスタイルが自分に合っているかが、ここでも重要になるわね
まぁ、うちの近くはマンションそのものがないくらい田舎なんですけど…
……。じゃあ次は買うタイミングについてなんだけど…
はい、きた！それ、すごく知りたい！
ふふふ それは残念ね。だって家を買うベストタイミングについての正解はないのよ
えー なんで？
ガーン

もちろん、住宅ローンの金利が低いうちにとか、定年を迎えるまでにローンを払い終えた方がいいとかってあるけどね
金額の大きい買い物だもの、焦ることはないと思うな
んー、でも早く欲しい！
でも入江さん、その様子だと頭金貯めてないでしょ…
……
ね…。この前「ライフプラン表」の話をしたけど、作った？
もちろんです！これです！
サブタイトル
入江家の栄光
なるほどね。これは例だけど…ライフプラン表を見ると子どもができるのが今から2年後…
この子が小学校にあがるとき、つまり8年後に家を買うって手もあるわよ
入江家の
たしかに、それまでは子ども部屋はいらないかもなー
ガーン
もちろんステキな家が見つかってお金の目処がたつなら、今買ってもいいのよ
お金ならぜんぜんありません！
それだったら何年後かに向かって地道に頭金を貯めるしかないわね

あの…でも、よく「頭金0円でもOK」っていう物件がありますよね?
たしかに。でもこの表を見てみて

購入物件 3.000万円の場合

（返済期間35年・全期間固定金利1.8％・元利均等返済）

頭金	0円	300万円	600万円
借りるお金（借り入れ金額）	3000万円	2700万円	2400万円
毎月返すお金（毎月返済額）	9万6327円	8万6695円	7万7062円
35年間で返す総額（総返済額）	約4046万円	約3641万円	約3237万円

頭金0円と600万円じゃ、800万近くも支払う額が違うってこと!?

そう! 同じ物件を買ったのにバカらしいでしょ?

ホントに!! がんばってためます!
とは言え本当はもっと複雑なの…

金利が影響しちゃうのよ!

お金を借りるときにかかるやつですよね
そう。この表を見て
2.1%とか…

金利別 2.500万円を借りた場合の総支払額

（返済期間35年・全期間固定金利）

金利／お金	1.5%	2.0%	2.5%
毎月返すお金（毎月返済額）	7万6546円	8万2816円	8万9374円
35年間で返す総額（総返済額）	約3215万円	約3478万円	約3754万円

これは…

借りるときの
金利が0.5%違う
だけで、こんなに
違いが出るのよね
これがどうして
頭金と関係ある
んですか？
ほら、頭金をせっせと
貯めている間に金利が
上がっちゃったら…
どうなると思う？
ふむ
あ、そうか！
せっかく貯めたのに
ムダに
なっちゃうんだ
ガーン
ムダとまでは
言わないけど…
残念よね
じゃあ
どうしたら
いいんですか？
つっ
金利が落ちついているときに
「短期間で一気に
貯めて買う」っていう
アバウトなアドバイスしか
できないわね…
残念だけど
上がる前に
購入!!
上がるっ!!
ウヒャー
金利→
時間
おちついてる間にがんばる!!
ううーむ
なるほど…
まぁ、結局は
世の中の動向を
見極めて、
収支のバランス
を考えながら
頭金を貯めろ
ってこと
↑動向(?)
ふむふむ…
↑世の中？
世の中の動向!?
そういうのは
ちょっと…
どうこう？

ははそうよね。まぁ、基本的に頭金は2割必要って思っておけば大丈夫
諸費用も考えると3割は貯めておきたいわね。家具にこだわるのであればそれ以上…
スチャ
3割!?
3000万円の物件だったら900万も…!? ところで諸費用ってなんですか?
あわあわ

物件購入時にかかる諸費用の目安と概要

諸費用として「物件価格の5~10%」のお金がかかるってことも覚えておいてね

- ◆ 不動産取得税
- ◆ 印紙税
- ◆ 登録免許税
- ◆ 司法書士登録費用
- ◆ 仲介手数料（仲介の場合）
- ◆ 融資手数料や保証料などの住宅ローン借り入れの際かかる費用

購入代金の5～10%（物件による）

※その他にも引越代や家電・家具代などがかかる

ええ! こんなにいろいろと必要なの?

じゃあ次はようやく「自分が買える物件価格」よ!
なんかドキドキするー
ドキドキ
賃貸の場合家賃にかけてもいいのは「手取りの25%まで」なんだけど、持家の場合もそれは同じ。できれば20%までに抑えられればラクだけど…
ホウ
そう考えていくと次の表が目安になるわ
表

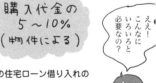

年収と年収負担率から求めた「借りられる金額」の目安

（金利1.8％・返済期間35年）

年収＼年収負担率	15%	20%	25%
400万円	1557万円	2076万円	2595万円
500万円	1946万円	2595万円	3244万円
600万円	2335万円	3114万円	3892万円
700万円	2725万円	3633万円	4541万円
800万円	3114万円	4152万円	5190万円

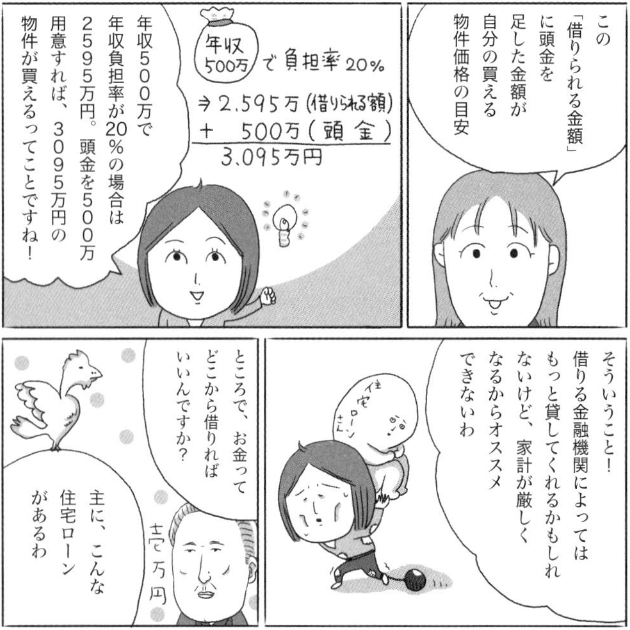
この「借りられる金額」に頭金を足した金額が自分の買える物件価格の目安
年収500万 で 負担率20%
⇒2,595万（借りられる額）
＋ 500万（頭金）
3,095万円
年収500万で年収負担率が20％の場合は2595万円。頭金を500万用意すれば、3095万円の物件が買えるってことですね！
そういうこと！借りる金融機関によってはもっと貸してくれるかもしれないけど、家計が厳しくなるからオススメできないわ
住宅ローンさん
ところで、お金ってどこから借りればいいんですか？
壱万円
主に、こんな住宅ローンがあるわ

民間融資
銀行や生命保険会社、JA、住宅ローン専門会社などがおこなう。借りられる金額、金利は機関によって異なる。
A
B
C
D
フラット35
住宅金融支援機構と民間の金融機関が提携しておこなう。最長35年の長期固定金利。購入金額の全額を借りられる。金利は金融機関によって異なる。長期優良住宅の場合は、最長50年の長期固定金利「フラット50」の利用も可能。
うーむ
…….
長期固定金利
財形住宅融資
財形貯蓄1年以上、残高50万円以上あるのが条件。
財形貯蓄残高の10倍まで融資可能（上限4000万円と住宅取得額の90%のいずれか低い方）。金利は5年ごとに見直しされる。
※自治体融資、社内融資がある場合は要チェック！
ローンを選ぶ基準ってありますか？
財形貯蓄をやっているなら、金利も低めだから使わない手はないわね
やってない訳なんですが…
そうじゃない場合は以下の点を考慮しながら選んでみて
住宅ローンえらびのポイント
1. 金利だけでえらばない
2. ローンにかかる諸経費をチェック
3. 将来のライフスタイルにあったローンをえらぶ
!? あの…全体的にわからないんですけど…
???
じゃあ1から順に説明していくわね
金利くんです

▷1. 金利だけで選ばない

お金を金融機関に借りるときは、金利を取られます。そのタイプは次の3つに分かれます。融資会社が提案する住宅ローン以外のものも検討するようにして。

固定金利

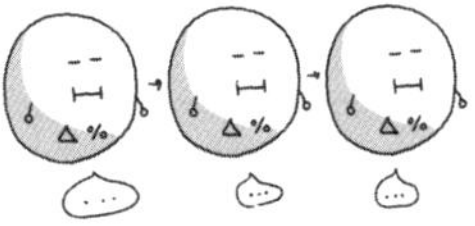

完済まで金利が変わらないので、返済計画が立てやすい。低金利時にオススメ。

変動金利

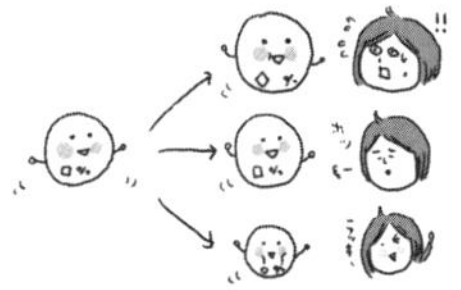

固定金利より金利が低い。ただし、通常年に2回、金利の見直しがある（毎月返済額の見直しは5年ごと）ため返済計画が立てにくい。金利上昇のリスクもともなう。

固定金利選択型

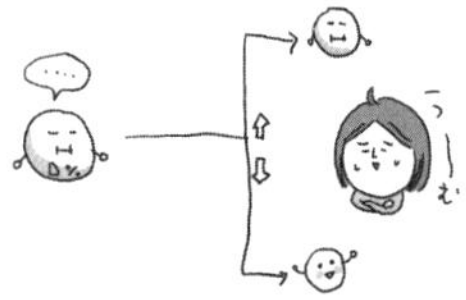

固定期間終了後、変動金利か固定金利を選択。固定期間が短いほど金利は低い。固定期間終了後の返済計画が立てにくい。

たとえば…
2,500万円を35年間で借りた時の月々返済額
固定金利
2%
82,815円
変動金利
1%
70,571円
これだけ見ると「変動金利1%」を選びたくなるわよね
そりゃそうですよ。毎月の支払額が1万円以上違いますもん

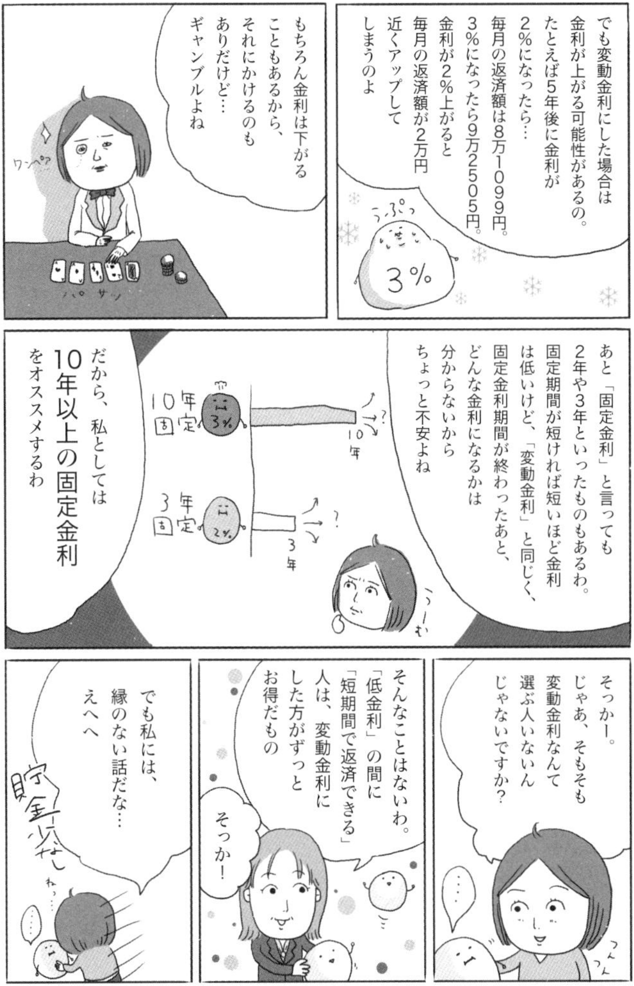
でも変動金利にした場合は金利が上がる可能性があるの。たとえば5年後に金利が2%になったら…毎月の返済額は8万1099円。3%になったら9万2505円。金利が2%上がると毎月の返済額が2万円近くアップしてしまうのよ
うぷっ
3%
もちろん金利は下がることもあるから、それにかけるのもありだけど…ギャンブルよね
ワンペア
あと「固定金利」と言っても2年や3年といったものもあるわ。固定期間が短ければ短いほど金利は低いけど、「変動金利」と同じく、固定金利期間が終わったあと、どんな金利になるかは分からないからちょっと不安よね
10年固定
3%
10年
3年固定
2%
3年
うーむ
だから、私としては
10年以上の固定金利
をオススメするわ
そっかー。じゃあ、そもそも変動金利なんて選ぶ人いないんじゃないですか？
…
つんつん
そんなことはないわ。「低金利」の間に「短期間で返済できる」人は、変動金利にした方がずっとお得だもの
そっか！
でも私には、縁のない話だな…えへへ
貯金少なし
ねっ…
…

▷2.ローンにかかる諸経費をチェック
金利とあわせてチェックしたいのがお金を借りる際にかかる諸経費よ
ズル
金利
借入金
ズル
諸経費
同じ金額を借りても、金融機関によって諸経費が何十万と違ってくることも！

	フラット35	A銀行	B銀行	概要
事務手数料	融資額による	50000円	0円	金額は金融機関によってさまざま
保証料	0円	0円	約57万円	金額は金融機関によってさまざま。借り入れする金額や期間によっても異なる
団体信用生命保険料	無料（金利に含まれる）			原則加入。保障内容の追加により金利が上乗せされる
繰上返済手数料	0円	0円	31500～52500円	金額は金融機関によってさまざま。金利タイプなどによっても異なる

保証料が無料のところはローン審査が厳しいことが多い

トータルバランスで考えることが重要！

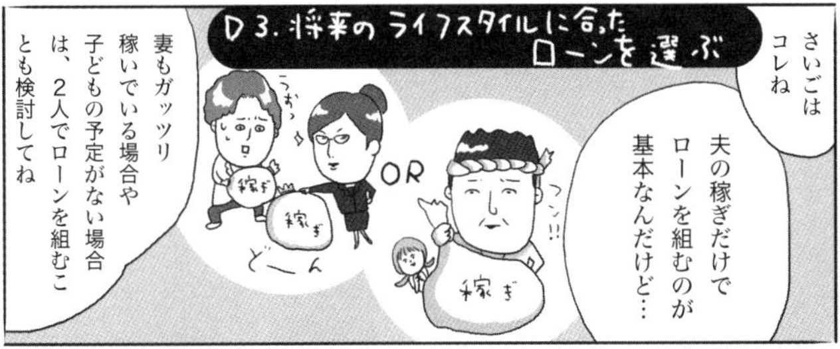
さいごはコレね
D3. 将来のライフスタイルに合ったローンを選ぶ
夫の稼ぎだけでローンを組むのが基本なんだけど…
フン!!
稼ぎ
OR
うおっ
稼ぎ
稼ぎ
どーん
妻もガッツリ稼いでいる場合や子どもの予定がない場合は、2人でローンを組むことも検討してね

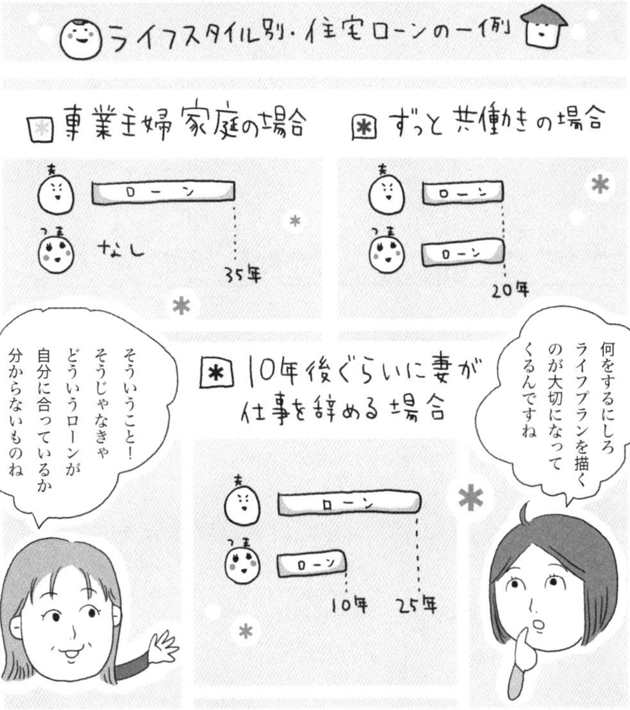
ライフスタイル別・住宅ローンの一例
専業主婦家庭の場合
夫
ローン
妻
なし
35年
ずっと共働きの場合
夫
ローン
妻
ローン
20年
10年後ぐらいに妻が仕事を辞める場合
夫
ローン
妻
ローン
10年
25年
何をするにしろライフプランを描くのが大切になってくるんですね
そういうこと!
そうじゃなきゃどういうローンが自分に合っているか分からないものね

両親からの住宅購入援助について

年間110万円までであれば、非課税で贈与できる。まとまった金額の贈与の場合は「相続時精算課税制度」の利用を検討。

相続時精算課税制度

累計2500万円までであれば、非課税で贈与できる。（住宅購入資金の贈与で一定の要件を満たすときは最高3500万円まで非課税）
ただし両親が亡くなって遺産を相続する場合は、「遺産額＋住宅購入時に援助してもらった額」に相続税が発生するので資産家の両親を持つ場合は注意！

大草原の大きな家
最高で3500万円!?私が住む北海道なら立派な家が買えますよ!
3500万円は難しくても50~100万円なら可能性あるかも。ダメモトでアタックね!
ふんふん!でも、さすがにもらうのは気がひけるな…
ムフッ
贈与が難しいなら「借りる」っていう方法もありよ!
借りるっていうのは両親からですか?
基本は両親だけど信用できる人が貸してくれるなら両親以外でもいいわ
ニコニコ
両親銀行
自力でやれよ!!
メリットは
◆手続きが簡単
◆金利を多少低めに設定できる
◆保証料等の諸経費がかからない
…この3点よ!
贈与よりラク!!
低金利にしとくよ!!
ん!?親にも金利を払わなきゃダメってことですか?
そうね。残念ながら無利息で借りると贈与とみなされちゃうことがあるから注意が必要よ
ピッ
税

近親者から借金をする際の注意事項

次の4点を押さえれば、税務署からお尋ねがあっても安心です！

その1. 借用書は必ず作成する

借金した金額、目的、返済期間、金利、返済方法、借りた日と借り主と貸し主、それぞれの書名・押印が明記してある書類を作成する。

その2. 返済の証明ができる返済方法で

返済しているという証明がしやすいよう、振込返済にして通帳に明細を残すのがベスト。手渡しで返済する場合は、領収書を毎回発行してもらうなどの工夫を。

その3. 一般的な金利を目安に

たとえ親から借りるにしても、無利子はタブー。金融機関が打ち出している金利を目安にしましょう。あまりにも低いと、一般的な金利との差額分を贈与とみなされる可能性あり。明確な基準はないので、心配な場合は前もって税務署に相談を。

その4. 返済期間は貸主の年齢も考えて

たとえば親が80才にもかかわらず35年返済にするのは「返す意思がない」とみなされ危険。完済時に、貸主の年齢が日本人の平均寿命から逸脱しない範囲で返済年数の設定をしましょう。

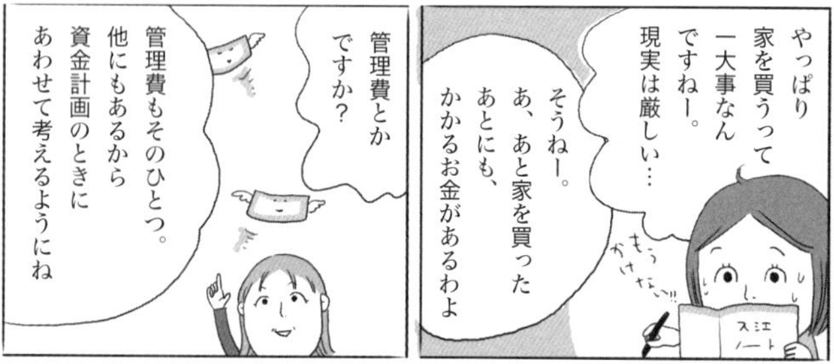

住宅購入後にかかる主なお金

1.固定資産税

土地や建物を所有している人に毎年かかる税金。税額は住んでいる地域や物件によって異なるので、購入検討時に確認。担当営業に尋ねよう。

税

2.都市計画税

市街化区域内の土地や建物を所有している人に毎年かかる税金。固定資産税とあわせて支払う。こちらも購入検討時に確認。

3.団体信用生命保険料

フラット35の場合は毎年かかる。（ただし任意加入なので途中で脱退もできる）金額は借入金の0.3%程度で、年々支払額は減る。

安心
安心

4.マンション＝維持管理費、修繕積立金
一戸建て ＝十数年後にメンテナンス代

マンションは毎月、維持管理費と修繕積立金を支払うところが多い。物件によって金額は異なるが、維持管理費の目安は1〜2万円。修繕積立金は5000〜15000円くらいだが、5年目まで、6〜10年目まで…と一定期間ごとに上昇するのが一般的。一戸建ての場合は外壁や屋根など、自分たちでメンテナンスをおこなうことになる。

毎月

そろそろ直したいス
何年か後

いろいろとかかるな…
夢が現実になると、今度はシビアな世界が待っているわよ〜(笑)
ヒィィィィ
ドッコラショ
でもやっぱり家には憧れます!
じゃあがんばって頭金を貯めなさいね
入江城
は…はい
辻さんが一番シビアっす…

START!!
夢のマイホームまでの道のり
1. 資金計画を立てる
自己資金をためる
せっせ
せっせ
住宅ローンの検討
えーと…
C
B
A
2. 物件の検討
イ
ロ
ハ
ニ
3. 物件の決定・申し込み
あれ1つください!!
4. 売買契約
成立
5. 住宅ローン申し込み・契約
巨漢
S
M
L
どれぐらいのにしますか?
ニコニコBANK
GOAL!
6. 物件引き渡し・登記

子どもとお金
私は最近悩んでいる…
孫!!
孫!!
まご
まご
義母さん
おむつ代
食費
バブー
医療費
学費
習い事
子供(想像)
うーむ…
そりゃ、私だって子どもは欲しいけど…
バーブー
何も考えずに子供たん生。しかし金はない…
グゥ
まともに食わせてやれず服もボロボロ
担任に呼び出されおこられる私…
もうちょっとまともな服を着させてあげて下さい…
ビンボー!!
ドビンボー!!
それが原因でいじめられてしまう…
スイマセン!!
スイマセン!!
ハァハァ

ぎゃーー！
おーい
今日の夕飯は～？
パタッ
何やってんだ…
あんた…夕飯なんて食べてる場合じゃないわよ！お金を貯めないと私が担任に呼び出されちゃう
とにかく子どもが欲しいならお金が必要なの！
ずいっ
カオちけーな…
え？ あ、ああ。そりゃそうだろうよ…
なんなのその余裕は？意味がわかんないよ！
意味がわからないのはこっちだよ！つーか、おまえ…夕飯作るのが面倒なだけだろ！
……
ビクッ
子どもにかかるお金は辻さんにきくとして、キミは夕飯を作りなさい
まったく…
はい
また来たのね…
また来ました…
子どもにかかるお金について考えていたら不安になっちゃいまして
いやあ～

最近よく聞くわ。お金がかかるという イメージが強すぎて 出産のタイミングを 逃しちゃう人
バブー
チャー
そうなんですよね… 漠然としすぎている せいか、不安も 大きくって
私には子どもが 2人いるけど… 生んでしまえば 結構なんとか なるものよ
わー!!
とは言え 心配よね。さっそく順を 追って見て いきましょうか
はい。よろしく お願いします!
わくわく
まずは「出産にかかる お金」から

出産にかかるお金

妊娠は病気ではないので保険適用外。全額自己負担になるが、そのほとんどは出産育児一時金（P.65参照）でまかなうことができる。妊娠高血圧症候群や帝王切開での出産は健康保険が適用され、民間の医療保険に入っていれば給付金もおりる。

定期検診

施設によって異なるが、目安は１回あたり5000円前後で計15回ほど（血液検査や超音波検査は別途）。十数回分の費用を負担してくれる自治体が多い。

出産費用

施設や部屋のタイプによって異なるが、50万円前後が多い。深夜・早朝・休日の出産は割増料金になる場合も！ 都内の病院では100万円以上かかるところもあるとか。

50万円くらい用意すれば大丈夫ってことですか？
マタニティ
マタニティ用の下着や服などを買うことを考えるともう数万円は多く用意したいわね。
お祝いでマタニティ用品をプレゼントしてくれる人は少ないだろうから
あと不妊治療にかかるお金なんだけど…初期検査や治療については健康保険の適用があるけど、それ以外は自己負担になるの
不妊治療にかかるお金
保険適用になるもの
（費用の3割を自己負担）
ホルモン異常や子宮の治療、タイミング法、排卵誘発剤、人工授精・体外受精などの基本治療で一定の要件を満たすものなど。
保険が適用されないもの
（全額自己負担）
体外受精などの基本治療について
・女性の年齢が43歳以上
・胚移植通算回数6回を超えるもの
（40歳以上の場合は3回を超えるもの）
※一定の要件を満たせば、事実婚のカップルも保険適用の対象となる。
（2022年4月〜）
ガンバロウ!
不妊治療に保険が適用されないものがあるなんて…
ただ市区町村から助成金が出ることもあるから要チェックね
（所得制限あり）
ただでさえたいへんなのに!
それくらいはしてもらわないとね!
現在約40万人の人が不妊治療をしていると言われているわ。保険が適用されるかどうかしっかり確認してね。
無事に子どもが生まれたら次は養育費ね

出産からの22年間の総費用

AIU保険会社「現在子育て経済考」2005年度版

養育費 ＋ 教育費 ＝ 総費用

基本的養育費			
出産・育児費用	約91万円	22年間の保健医療・理美容費	約193万円
22年間の食費	約671万円	22年間のおこづかい額	約451万円
22年間の衣料費	約141万円	子どもの私的所有物代	約93万円
		合計	約1,640万円

公立・私立別にみた教育費（小学校は公立のみ）					
幼稚園2年間	公立	約64万円	高等学校3年間	公立	約252万円
	私立	約147万円		私立	約479万円
小学校6年間	公立	約308万円	大学4年間	国立	約492万円
中学校3年間	公立	約229万円		私立文系	約604万円
	私立	約525万円		私立理系	約720万円
				私立医・歯系	約2,965万円

たとえば

私立幼稚園 約147万円	私立幼稚園 約147万円	私立幼稚園 約147万円	私立幼稚園 約147万円	公立幼稚園 約64万円
公立小学校 約308万円	公立小学校 約308万円	公立小学校 約308万円	公立小学校 約308万円	公立小学校 約308万円
公立中学校 約229万円	私立中学校 約525万円	公立中学校 約229万円	公立中学校 約229万円	公立中学校 約229万円
私立高校 約479万円	私立高校 約479万円	公立高校 約252万円	公立高校 約252万円	公立高校 約252万円
私立大学理系 約720万円	私立大学文系 約604万円	私立大学文系 約604万円	私立大学理系 約720万円	国立大学 約492万円
↓	↓	↓	↓	↓
教育費合計 1,883万円	教育費合計 2,063万円	教育費合計 1,540万円	教育費合計 1,656万円	教育費合計 1,345万円

＋ 基本的養育費 約1,640万円

＝	＝	＝	＝	＝
3,523万円	3,703万円	3,180万円	3,296万円	2,985万円

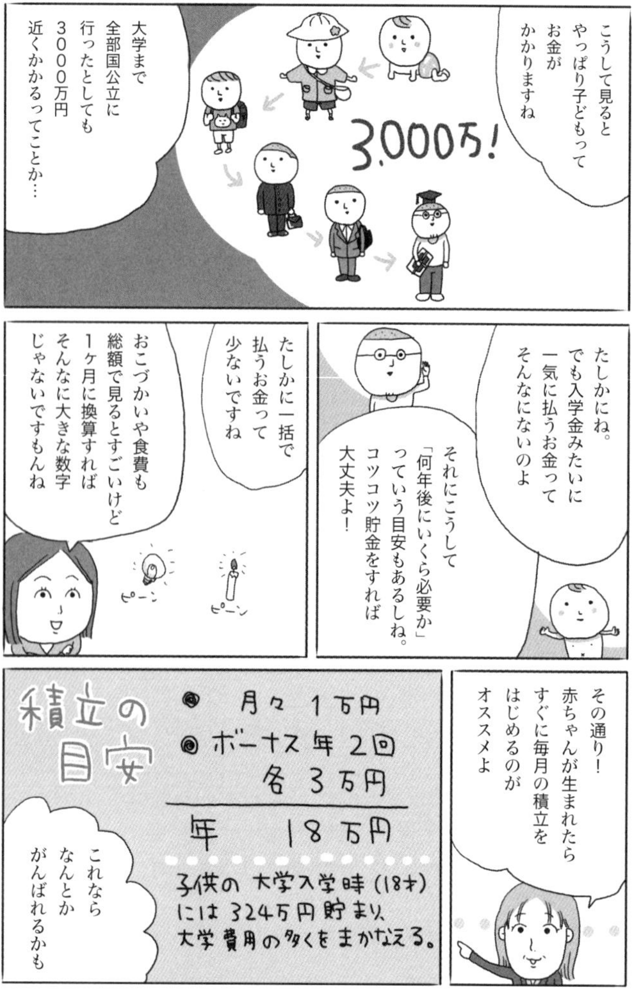
こうして見ると やっぱり子どもって お金が かかりますね
3,000万!
大学まで 全部国公立に 行ったとしても 3000万円 近くかかるってことか…
たしかにね。 でも入学金みたいに 一気に払うお金って そんなにないのよ
それにこうして 「何年後にいくら必要か」 っていう目安もあるしね。 コツコツ貯金をすれば 大丈夫よ!
たしかに一括で 払うお金って 少ないですね
おこづかいや食費も 総額で見るとすごいけど 1ヶ月に換算すれば そんなに大きな数字 じゃないですもんね
ピーン
ピーン
その通り! 赤ちゃんが生まれたら すぐに毎月の積立を はじめるのが オススメよ
積立の目安
◎ 月々 1万円
◎ ボーナス 年2回 各3万円
年 18万円
子供の 大学入学時(18才) には 324万円 貯まり、 大学費用の多くをまかなえる。
これなら なんとか がんばれるかも

ただ塾やおけいこにかかる費用は別だから子どもにいろいろ習わせたい場合は注意が必要よ
塾やおけいこにかかる月謝の目安
水泳 ¥6,000〜9,000 程度
ピアノ ¥6,000〜12,000 程度
英会話 ¥6,000〜10,000 程度
バレエ ¥10,000 前後
野球、サッカー ¥2,000〜3.000 程度
※その他、入会金やユニフォーム、教材費等がかかる
Hello!
結構かかるんですね…
うぬぬ…
まぁ親としてはいろいろな可能性を見つけてあげたいし…難しいところよね
ウフフ
たしかに自分の子どもには英語ペラペラになって欲しいなー
ヘイ マイマザー!
スネークがいたよ!!
まぁワタクシもお花をたしなんでおりましたけど…
ホホホホホ…
ぴろ〜
入江さんの話はおいておいて…
まとめとしてはたしかに子どもはお金がかかる。でも子どもを育てることでお金にはかえられない貴重な経験ができるわ!自分も子どもと一緒に成長できるはずよ
ヒドイ!!

保険の基本
ある朝
チュン
ーむくくく…
……
会いたい…
会いたいよ…
辻さんに！
うわぁん
今度は
いったい
なんだよ!?
今、夢を見たの。
旦那が
死んじゃう夢…
縁起でもない
ことを言うなよ！
うわあああ
私のお腹のなかには
赤ちゃんがいるわけ。
夢のなかで私は
これから
どうやって
暮らしていこう
って泣いてたの…
ギャー
それがどうして
辻さんに会いたい
気持ちに
つながるわけ？
朝から
ギャーギャー
ウルセーやつ…
夢のなかで旦那が死んだことによって
保険会社から500万円もらったの
500万
おりました
保険金
そうしたら、母親に
なんでもっと
保険をかけて
おかなかったの
バカ娘!!
って怒られた…

オレが死んだのに、義母さんも厳しいこと言うなぁ…
オレ…オレって…
ハハ…
そんなことよりうちの保険ってどうなってるの？
なんか入ってた気はするけど…どうだったかな？
ほらぁ そんなんじゃ困るよ。まったくもう！
なぜ、オレだけの責任に…？
私が辻さんにきいてくるから任せなさい！
フンー
……
はいどーも
先生 毎度どうも！ 2日ぶりですねー
そうね…今日は保険の話よね。どうしたの？
実を言うと旦那が死んじゃってお金に困るって夢を見ましてねぇ…
う、うっうっ…
ドーーン
あら…

誰かが死ぬっていうのは、夢診断では運気上昇の前触れらしいわよ
そうなんですか？なーんだ。心配して損しちゃったなぁ
ヤレヤレ
でも保険のことを考えるいいキッカケになったんじゃない？
保険とは!?
家の購入にかかるお金の話とかって夢があるから話し合うことも多いと思うの
それに比べて保険は病気やケガ、万が一死んだときのお金…といった話ばかりでどうしても避けたくなるのよね
ゼイゼイ
そうなんですよねぇ
うんうん
でもね、しっかり向き合って考えることはとても大事よ。もちろん何もなければそれが一番。でも残念ながらなんにもないっていう保証はどこにもないわ。それに万が一のときって精神的に参ってるからせめてお金の心配はないようにしたいじゃない
お金ない…
どうしよう…!
旦那のピンチ…
考えたくないから考えない…じゃあダメってことですね
そういうこと。家庭を持った以上責任を持たないとね
保険

ハイ！それではイチからお願いします！
モチロン知識ナシ
じゃあまず入江さん自身は何か保険に入ってるのかしら？
それが入っているか不明でして…
いやぁ～
あら、そうなの？旦那さんは？
何かしらの保険に入ってるという噂は…へへすみません
なるほど。そうきたか…
うーん、じゃあ保険ってなんで必要だと思う？
ほけんくん
保険金
たよりになるぞ!
そりゃ、やっぱり何かあったときにお金が必要になるからですよね？
その通り！でも入江さんは「どういうときにいくらもらえるか」を把握できていないと…
はい。その通りでございます…
いやいや、別に入江さんだけを責めてるわけじゃないの。そういう人って多いのよ
このプランならまちがいないわよ～
ニコニコ安心プラン
セールスのおばさん
自分にどういう保障が必要かもわからず勧められた保険にそのまま入っちゃったり、安いからっていう理由だけで入っちゃったりね…
よくわからんけどソレ!!

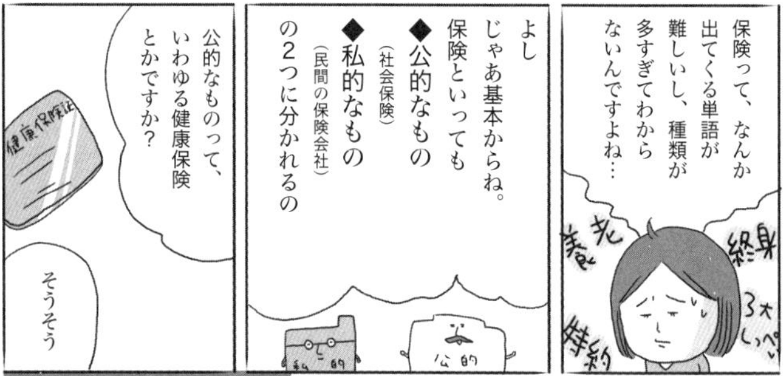

保険って、なんか出てくる単語が難しいし、種類が多すぎてわからないんですよね…
養老
終身
3大しっぺい
特約
よし じゃあ基本からね。保険といっても ◆公的なもの（社会保険） ◆私的なもの（民間の保険会社） の2つに分かれるの
公的
私的
公的なものって、いわゆる健康保険とかですか？
健康保険証
そうそう

国
公的

公的保険

健康保険

会社員や公務員が加入。病院に行ったときに3割負担（小学校就学前は2割）でいいのは、この保険のおかげ。

アリガトー!!
健康保険

国民健康保険

会社員や公務員以外の自営業者などが加入する「健康保険」。

厚生年金保険

老後の保障、死亡時や障害が残ったときの保障がある（公務員は共済年金）。

国民年金

老後の保障、死亡時や障害が残ったときの保障がある。厚生年金保険に入っていれば、国民年金にも加入していることになる。逆に言えば、厚生年金保険に入れない人はかならず加入する必要がある。

雇用保険

俗に言う失業保険のこと。失業手当はここから出る。

ハローワーク
失業中

労災保険

仕事中、または通勤途中で起きたケガや病気、死亡事故などの保障。治療費や働けない間の賃金などはここから。保険料は会社側が全額負担。

公的保険は会社員や公務員であれば自動的に給料から天引きされているからあまり意識することがないのよね
○月分給与明細
はい、お給料から結構な金額を引かれているなーとは感じますけど…

たのむぞ!!
公的
これらの公的な保障では足りない金額を私的保険で補うって考え方が基本になるわ

私的保険

民間企業が運営する保険。生命保険や損害保険などがあり、大きく3つの保障に分かれる

死亡保障

対象者が死亡・高度障害になったときに保険金が支払われる。主なものに定期保険、終身保険など。

医療保障

病気やケガによる入院・手術時に給付金が支払われる。主なものに医療保険、がん保険など。

老後保障

老後に年金などが支払われる。主なものに養老保険、個人年金保険など。

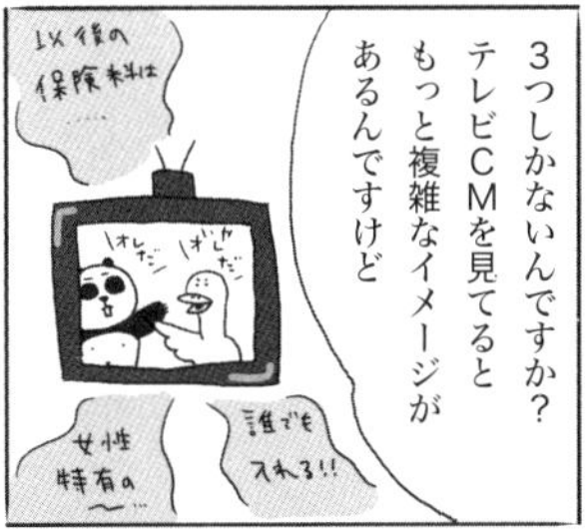
3つしかないんですか？テレビCMを見てるともっと複雑なイメージがあるんですけど
女性特有の～…
誰でも入れる!!

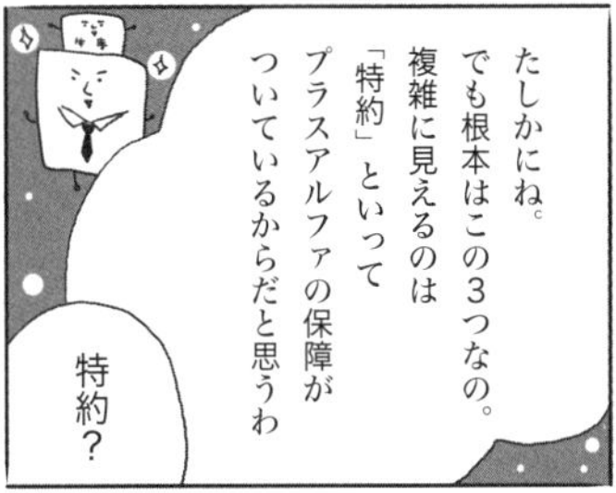
たしかにね。でも根本はこの3つなの。複雑に見えるのは「特約」といってプラスアルファの保障がついているからだと思うわ
特約？

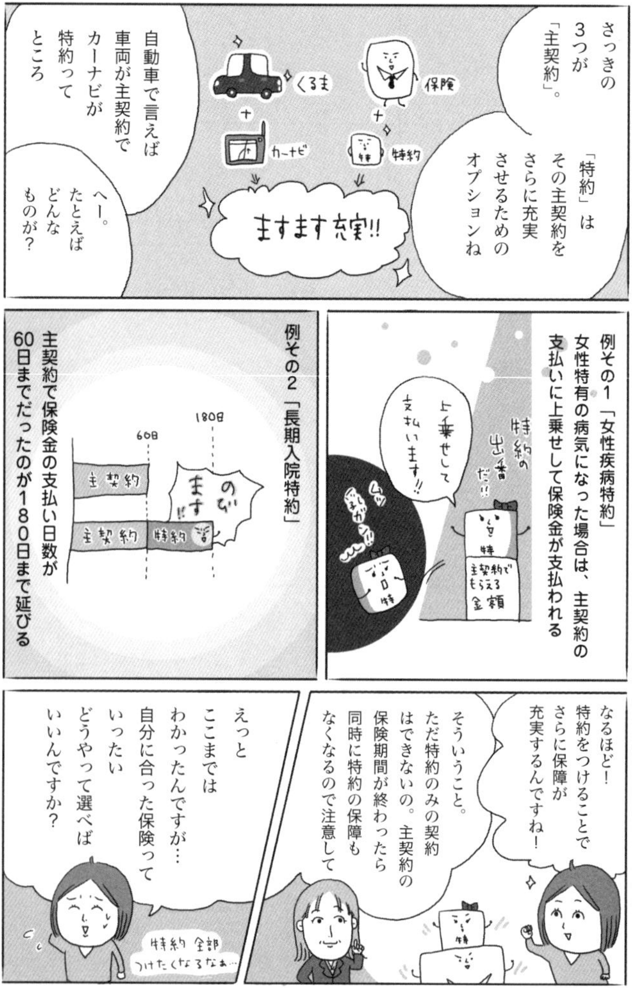
さっきの3つが「主契約」。
「特約」はその主契約をさらに充実させるためのオプションね
保険
特約
くるま
カーナビ
ますます充実!!
自動車で言えば車両が主契約でカーナビが特約ってところ
へー。たとえばどんなものが?
例その1「女性疾病特約」
女性特有の病気になった場合は、主契約の支払いに上乗せして保険金が支払われる
特約の出番だ!!
上乗せして支払います!!
主契約でもらえる金額
例その2「長期入院特約」
180日
60日
主契約
主契約
特約
のびます!!
主契約で保険金の支払い日数が60日までだったのが180日まで延びる
なるほど!特約をつけることでさらに保障が充実するんですね!
そういうこと。ただ特約のみの契約はできないの。主契約の保険期間が終わったら同時に特約の保障もなくなるので注意して
えっとここまではわかったんですが…自分に合った保険っていったいどうやって選べばいいんですか?
特約全部つけたくなるなぁ…

まずは優先順位を決めないとね。保険は家の次に大きい買い物。あの保障もこの保障も…なんてやっていたらキリがないからね
優先したい保障順位
1位 夫の死亡保障
扶養家族がいる家庭は絶対に必要
2位 夫婦の医療保障
どちらかが病気・ケガしたときのために
3位 妻の死亡保障
子どもが小さいうちは必要
4位 子どもの医療保障
余裕があれば子どもの病気やケガにも保障を
夫の死亡保障が1位か。どれくらいもらえるようにしておけばいいんでしょう
どーん
バカ!!
ヒィィィィ〜
私は夢のなかで母親に500万円じゃ少ないって怒られましたけど…
そうね扶養家族がいるなら500万円はちょっと少ないわ。これがだいたいの目安よ

夫が亡くなった場合の必要保障額の目安

子どもの人数	夫の職業	必要保障額	
		共働き家庭	専業主婦家庭
なし	-	1000～2500万円	1000～2500万円
1、2人	会社員・公務員	2000～3000万円	3000～4000万円
	自営業	3000～4000万円	4000～5000万円
3、4人	会社員・公務員	3000～4000万円	4000～5000万円
	自営業	4000～5000万円	5000～6000万円

住まいが賃貸の場合はこれに家賃をプラスして考えてね
住宅ローン
ドーン
家を買った人も住宅ローンがありません？
ずぅーん
住宅ローン
家の購入のところで「団体信用生命保険」って出てきたでしょ？
持家
団体信用生命保険
やちん
賃貸
これに入っていればローンを借りている人が死亡したときに保険金がおりて住宅ローンが完済されるの
そっかー。それに比べて賃貸は何があってもずっと支払いが続きますもんね
自営業の人もかなり高い保障をつけなきゃいけないんですね…
自営業の人は厚生年金がない分会社員より公的保障が薄いのよ。その分を私的保険で補う必要があるわ
※カボチャのしゅうかく中
なるほどー。それにしても数千万の死亡保障が必要となると毎月の保険料もかなり払わないといけないですよね…
うち、そんなに保険にお金を割けない…
そうでもないわよ。次を見てみて

死亡保障の主な種類

＊定期保険

保険期間内に死亡した場合にのみ死亡保険金が受け取れる。“掛け捨て”のため、毎月の保険料は安く抑えられる。

やすいぞ!!

＊終身保険

死亡保障が一生涯続き、死亡した場合に死亡保険金が受け取れる。途中解約しても“解約返戻金”が戻ってくるため保険料は高い。

＊養老保険

保険期間内に死亡した場合は死亡保険金が、満期時に生存している場合は満期保険金が受け取れる。定期保険に貯蓄機能をつけた保険のため、保険料は高い。

たとえば1000万円の死亡保障が欲しい場合は…
加入時30才の場合の月々の支払い額
定期 4,000円
終身 20,000円
養老 25,000円
こんなに違うの? でも定期保険は掛け捨てだしもったいないよな。貯蓄しながら保障が得られる養老保険にした方がいいか
うぬぬぬ…
そういう考え方もあるけど…貯蓄性のある保険は保険料が高いし貯蓄みたいに好きなときにおろせるわけじゃないし…ブツブツブツ…
ピーン!!
個人的な考えだけど…保険で貯蓄しようと思わない方がいいんじゃないかな。保険は保険、貯蓄は貯蓄と割り切る。だから掛け捨てもあり!
えー でも掛け捨ては抵抗があるなぁ
もちろん、毎月1万円を20年間払って(240万円)300万円戻ってくる時代ならいいの。実際、利率の良かった20年以上前の養老保険は支払った保険料よりもらえる金額の方が多かったのよ

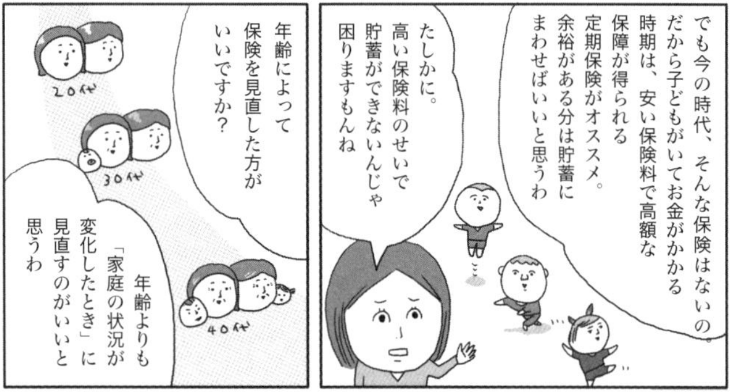
でも今の時代、そんな保険はないの。だから子どもがいてお金がかかる時期は、安い保険料で高額な保障が得られる定期保険がオススメ。余裕がある分は貯蓄にまわせばいいと思うわ
たしかに。高い保険料のせいで貯蓄ができないんじゃ困りますもんね
年齢によって保険を見直した方がいいですか？
20代
30代
40代
年齢よりも「家庭の状況が変化したとき」に見直すのがいいと思うわ

保険の見直しどき

ブー

子供が生まれたとき

死亡保障額をアップさせる。

家を買ったとき

団体信用生命保険への加入で死亡時は住宅ローンがゼロに。住宅にかかるお金がいらなくなるので、死亡保障額を減額しても。

子供が経済的に独立したとき

子どもにかかるお金がいらなくなるので、死亡保障額を減らす。

JOB
ポイ
JOB
ガシ

妻が仕事を（やめた／はじめた）とき

やめた場合は保障額をアップさせる。はじめた場合はダウンしても。

保険って1回入るとそのままダラダラ…っていうイメージがあるけどそれじゃダメってことか
家庭の状況によって必要な保障内容や保障額は変わってくるから見直しはするようにね
ダラ
ダラ
次はケガや病気をしたときの保険について見ていきましょう
入院1日 000円
助かるわぁー!!
CMでよく見る入院1日1万円とかってやつですね！
そうそう

医療保険を選ぶときは保障内容はもちろん、次のポイントも押さえましょう

医療保険を選ぶポイント

①入院日額

1日あたりの入院日額は次を目安に。入院日額が高くなれば保険料もアップ。保険は最小限にとどめ、足りない分は貯蓄でまかなうことも考えて。

会社員 … 5,000円
自営業 … 10,000円

会社員
パート … 5,000円
専業主婦

※子どもがいる場合は、それぞれプラス5000円あると安心

②入院保障日数

1入院あたりの支払い限度日数を60日にして保険料を割安にしているものも。年をとるほど入院日数は長引く傾向にあるので、入院保障日数は120日くらいを目安に。

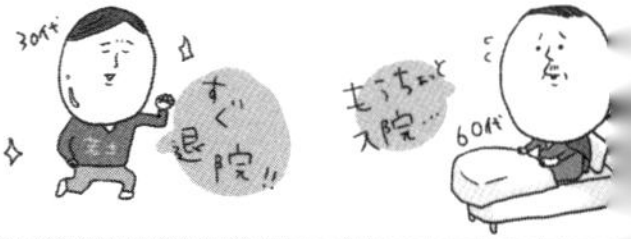

③保障期間

生きている限り病気やケガのリスクがあるので、保障が一生涯続くものがベスト。

④保険料

老後のことを考えると、夫の定年後に支払い義務がないものが安心（60才払い済みなど）。ライフプラン表と照らし合わせて考えて。

＊高額療養費制度＊
健康保険では、高額な医療費を払ったときに医療費の還付を受けられる制度があります。
あらかじめ手続きをしておけば、病院での支払いは上限金額までとなるので安心です。

⑤医療保険単体で入る

医療保障は死亡保障の特約でつけた方が割安。ただ主契約に左右されてしまうので、医療保険は単独で入った方が見直しをしやすい。

（例）子どもが独立したので死亡保障をやめたいが、特約で医療保険をつけているため、死亡保障を続けるしかない
（例）夫の死亡保険に妻の医療保険をつけたが、夫が死亡し妻の医療保障が消滅してしまった

ふぅ…
ちょっと入江さん…私の話、ちゃんと聞いてます?
あ、はい。大人って大変だなってちょっと凹んでたんです…
ははは。家庭を持つと両親へのありがたみが湧くわよね。
自分の知らないところで、いろいろ考えてくれていたんだなって
ホントそうですね…
万一のことがあったときに、家族に金銭的なダメージを与えないためにも、しっかりと保険のことを考えておきましょうね
はい!帰ってさっそく保険書類のありかを探したいと思います!
てへへ♡
そっか…入江さんはまずそこからだったわね…
その日、家に戻ってから書類を探してみたんですが…
保険の書類…どっかいっちゃった…
ドーン

知って得する手続き情報
ある日の入江家
うーむ
ねぇ、誰か私にお金をくれないかな
あしながおじさん
高校生みたいなこと言ってんなよ！
だってさ大人になるとどんどん出ていくお金ばっかりが増えるんだもん
※高校生
まぁ、たしかに…気持ちはわかる
そのカッコはやめろ!!
あ、でもな。税金が戻ってきたり社会保障で支給されるお金があるから手続きしなさいって辻さん言ってた！
…どうせ内容は覚えてないんだろ？
資料ならいっぱいもらってきちゃった
ズイッ
それ、お前に理解できるのか？
ほら、これまで辻さんには頼りっぱなしだったじゃない？だからそろそろ自分で理解しようと思ってるわけよ
さすがに、また行ったら辻さんも呆れちゃうだろうからな…

そうなのよね。自分たちのことだしもうちょっと自分で考えることも大事かなって
自分で考え行動する
ウフフ…
頼もしいな！じゃあオレに上手に教えてくれよ
ま、まかせて…
大丈夫か？
ガサ
ガサ
まず国や自治体からどんなときにお金がもらえるかなんだけど…
こんな時はお金がもらえる可能性が！
① 子供が生まれた…P64
② 退職・失業した…P66
③ 年間の医療費が家族全体で10万円以上かかった…P68
④ 住宅ローンを組んだ…P70
今後、関係ありそうなものが多いな
はい、それじゃあ①から順に見ていくわよ！
急にエラぶりやがって
チラッ
どーん
子どもが生まれたら…まず…えーっと…
しかも段取りわりぃ…
チラチラ
……

…はい。そうです、
そうでした！
まず、誰でももらえるのが
「出産育児一時金」
です

出産育児一時金

健康保険・国民健康保険加入者なら誰でももらえる。2023年10月現在、子ども1人当たり50万円（双子なら100万円）支給。妊娠4ヶ月（85日）以上であれば流産や死産でも支給される。

…50万円
…100万円

あと忘れずに申請しなくちゃいけないのが「児童手当」
子育て家庭にはありがたい制度だな
手当
わ〜い
この制度は今後変更になる可能性もあるから要チェックよ〜
!?
辻さん!?
グシャ

児童手当

くに

子育てを支援する国からの給付金。中学生以下の子どもが対象。支給額は、3歳未満は月額15000円、3歳以上小学校修了前の第1子、第2子は月額10000円、第3子以降は月額15000円、中学生は一律10000円。（実際は毎月支給されず、年に3回4ヶ月分がまとめて支給される）
所得制限あり。また、請求した翌月からの支給となるので、誕生した月に申請するように。あとから請求しても、その前の分はもらえないので注意して

たくさん育ててね！
手当
くに

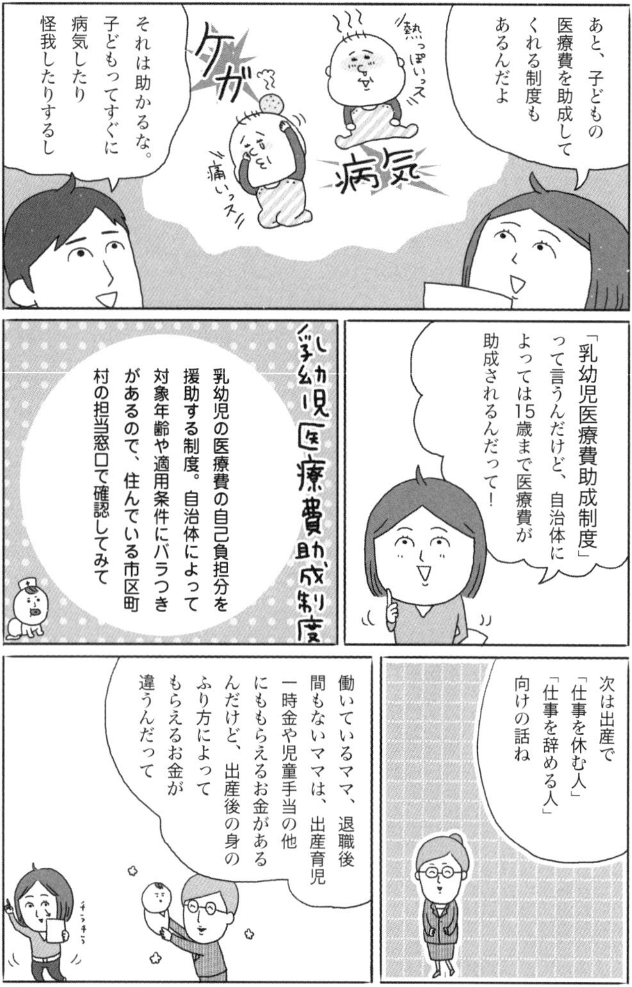

あと、子どもの医療費を助成してくれる制度もあるんだよ
熱っぽいっス
病気
ケガ
痛いっス
それは助かるな。子どもってすぐに病気したり怪我したりするし
「乳幼児医療費助成制度」って言うんだけど、自治体によっては15歳まで医療費が助成されるんだって！
乳幼児医療費助成制度
乳幼児の医療費の自己負担分を援助する制度。自治体によって対象年齢や適用条件にバラつきがあるので、住んでいる市区町村の担当窓口で確認してみて
次は出産で「仕事を休む人」「仕事を辞める人」向けの話ね
働いているママ、退職後間もないママは、出産育児一時金や児童手当の他にももらえるお金があるんだけど、出産後の身のふり方によってもらえるお金が違うんだって

働くママがもらえるお金

★出産手当金

出産のために仕事を休んでいる間、生活を支援してくれるもの。産前42日＋産後56日の計98日間、「給付を受ける月以前12ヶ月間の平均日給の2/3」が支給される。

※健康保険（共済保険）に1年以上加入していることが条件

★育児休業給付金

簡単に言うと「育児中もある程度の支給をするから、安心して育児に専念してね」ということでもらえるお金。育児休業開始日から180日目までは「休業前賃金の67％」、181日目から子どもが１才に達する前々日までは「休業前賃金の50％」が支給される。

※雇用保険に加入していて、育児休業前２年間に１ヶ月11日以上働いた月が１年以上あることが条件

出産を機に退職、その後再就職する予定のある人がもらえるお金

★失業手当

失業保険は、働く意思と能力があるのに職につけない人に対して、再就職までの一定期間、生活を援助する目的で支払われるお金。妊婦は肉体的に就職できないとみなされるため、給付の対象にならない。

そこで特例措置として妊婦は「失業給付金の受給期間を最長4年（通常1年）まで延長できる」ようになっている。退職後にこの手続きをしておけば、子育てが一段落してからの再就職活動でも給付金がもらえる。もらえる金額や期間は、勤続年数、年齢、退職理由によって違ってくるので、くわしくはハローワークで。

※離職前2年間に1ヶ月11日以上働いた月が1年以上あり、雇用保険に加入していた期間が通算して1年以上あることが条件

※受給期間の延長手続きは「退職後30日目の翌日から1ヶ月以内」におこなう

※公務員は雇用保険がないため、この制度は適用外

※もちろん出産を機に会社を辞めた場合以外でも、失業保険は適用される

へー、結構手厚いんだね
うむ。規模の小さい会社は自分で言わないと手続きをしてくれないこともあるから気をつけなきゃダメだよ
まぁうちはだいじょ…
フフ～ン
はい。次は「医療費控除」についてよ
じゃあお願いします。つーか「医療費控除」って言葉でもう拒否反応が…
無視かよ…
医療費控除
適用条件
勤続年数
育児休業者
確認
たしかにお金の話って難しい単語が多すぎるよね！
「医療費控除」を簡単に言うと…
いっぱい医療費払って大変だろうから、すでに払ってもらった所得税をちょっと返してあげるよ
っていう制度
所得税
すげー噛み砕き方するのな、お前って…
それじゃあくわしく説明していくわよ！

医療費控除について

1年間の医療費が一定額を超えた人に対して税金を返す制度。実際に戻ってくる金額は大きくないが、翌年の住民税が自動的に安くなるので多少面倒でも申告を！ 控除額の計算には医療費等の領収書や健保組合発行の医療費のお知らせが必要になるので、1箇所にまとめて取っておいて。

もらえる条件	・医療費の自己負担額が10万円を超えたとき （年間所得が200万円未満の人は、自己負担額が年間所得の5%を超えたとき）
いつ	2月中旬から3月中旬
どこで&どうやって	❶自分の住む地域を管轄する税務署に行き「医療費の明細書」と、サラリーマン家庭なら「確定申告書」をもらう（自営業の人はいつも通り確定申告をおこなって） ❷書類に記入し、添付書類とともに提出（領収書は自宅保管）

医療費控除額の計算式

1年間に払った医療費の合計 － **社会保険や保険会社から給付されたお金の合計** － **10万円** ＝ **医療費控除額（最高200万円）**

（1年間に払った医療費の合計）生計をともにしている妻、子ども、親の医療費をまとめて申請が可能。納めた所得税が返ってくる制度なので、申告者は所得税を一番多く納めた人（収入の一番多い人）にする

（社会保険や保険会社から給付されたお金の合計）健康保険から給付される出産育児一時金、生命保険会社からの入院・手術給付金など。出産手当金、傷病手当金は差し引く必要なし

医療費は医療機関に支払った診療費や入院費だけじゃなくて、薬局で買った薬なども含まれるから、しっかり領収書を取っておいてね!!

医療費として…

◎認められるもの

◆ 診療費、入院費
◆ 薬局で買った風邪薬・胃腸薬・湿布薬などの医薬品
◆ 通院費（タクシーは緊急時や他の交通手段がないときのみ認められる）
◆ 入院時のシーツ代やクリーニング代
◆ 出産時の検診費・分娩費・交通費（死産や流産も含まれる）
◆ 不妊症の治療費
◆ 入れ歯、差し歯、金歯などを使った歯の治療
◆ 介護費用（介護保険適用者のみ）

認められないもの×

◆ 栄養補給のためのサプリメント、栄養ドリンクなど
◆ 入院時の下着やパジャマなどの身の回り品代
◆ 出産のための里帰り費用
◆ 通院のためのガソリン代、駐車料金
◆ 歯垢除去、美容目的の歯科矯正、歯ブラシ代など
◆ 本人都合による入院時の差額ベッド代
◆ 医師などへの謝礼

★詳しくは、国税庁のHPをチェック!!

住宅ローン控除について

10年以上のローンを組んで家を買った人に対して、所得税を減税する制度。医療費控除と同じく、確定申告が必要。サラリーマン家庭の場合は、1年目のみ確定申告すれば、翌年からは勤務先の年末調整で控除されるので確定申告は不要。

もらうための主な条件	・住宅ローンの返済期間が 10 年以上であること ・登記簿上の床面積が 50m²以上であること（所得1000万円以下の人は40m²〜OK） ・中古の場合は築年数 20 年以内（耐火構造物件は 25 年以内、または新耐震基準物件）であること ・控除を受ける年の所得が 2000 万円以下であること ・店舗や事務所と併用する場合は、居住部分の面積が全体の 1/2 以上であること ・住宅取得後 6ヶ月以内に入居すること ・取得した年の前後 2 年間（計 5 年間）に、「居住用財産の買い換え特例」「3000 万円特別控除」を受けていないこと
いつ	買った翌年の2月中旬から3月中旬
どこで&どうやって	①サラリーマン家庭なら、自分の住む地域を管轄する税務署に行き、「確定申告書」をもらう（自営業の人はいつも通り確定申告をおこなって） ②書類に記入をし、指定のあった必要書類とともに提出

住宅ローン控除概要

住宅ローン控除については、取得した住宅の区分によって借入限度額や控除期間が異なります。購入検討時に営業担当にどの住宅の区分に該当するのか確認しましょう。また、夫婦で別々にローンを組んだ場合は、それぞれ控除が受けられます。

入居した年	種類	対象となる金額の上限	控除期間	控除率
2022年1月1日〜2023年12月31日	一般住宅	3000万円	13年	0.7%
	認定住宅	5000万円	13年	0.7%
2024年1月1日〜2025年12月31日	一般住宅	2000万円	10年	0.7%
	認定住宅	4500万円	13年	0.7%

※2024 年以降に建築確認を受けた新築住宅の場合、省エネ基準を満たさない住宅は住宅ローン控除が受けられません。また、中古住宅を購入した場合には、控除限度額などが異なります。

2023年10月に一般住宅に入居 3000万円のローンを組んだ場合

〔1年目〕 年末残高2900万円（控除対象額2900万円）
2900万円×0.007＝203000円

〔2年目〕 年末残高2800万円（控除対象額2800万円）
2800万円×0.007＝196000円

〔3年目〕 年末残高2700万円（控除対象額2700万円）
2700万円×0.007＝189000円

⋮

毎年10万円以上の減税ができることに！

※ただし、年間に納めた所得税が10万円であれば、控除額が20万円以上あっても戻ってくるお金は10万円まで。納めた税金以上の金額は戻ってきません。

※長期優良住宅の場合は、住宅ローンを組まなくても特別控除が適用される。また、バリアフリーや省エネ住宅に改修する場合は、その改修費用について控除措置が取られるなどの優遇策もあり。要チェック！

家を買ったら
これだけは
忘れずに
やらなきゃな！
家、欲しい…。
もう少し
パートの時間を
増やそうかな
うーん…。でもパートって
「103万円の壁」
とかって言うじゃん。
収入が103万円超えると
損するんじゃない？
ガハハ
103万のカベ
たしかに103万円を
超えると所得税が
かかるんだよね
ハーイ
所得税
いただきまーす♡
あと会社で配偶者手当
（家族手当）が支給されて
いる場合は支給対象外に
なって、夫の手取りが
減ることもあるんだって！
でももっと
気をつけたいのは
「130万円の壁」
の方！
じーん
130万
オヤジ!!
130万円
には
どんな壁が
あるの？
130万円を超えると
夫の扶養から外れて
妻自身が社会保険料を
払うことになるの
何？130万超えたの？
じゃー保険料
よこしなさいよ…
130万
オヤジ
やるなぁ！
いわゆる
厚生年金とか
健康保険って
やつ？
そう
ヒィィ

※2016年10月から、一定条件を満たすパート労働者の厚生年金・健康保険加入の適用が拡大されました。

130万を少し超えるくらいの年収だと130万円未満のときより手取りが減っちゃうことがあるんだって
ワハハハ…
働き損ってやつか!
みぐるみはがされた
そういうこと。働けば働くほど世帯全体の手取りが増えるのは年収150万円から
パートで働くときのポイント
夫の会社における配偶者手当の支給条件を確認する!
年収130万円未満にとどめる、またはガンガン働いて150万円以上稼ぐ!
お前はがんばって150万円以上稼いでこいよ!
まーねー。へそくり貯めなきゃえへへ…
フヒ
そういうこと言ってると、いつか痛い目見るぞ
でも辻さんも言ってた。かしこい妻は旦那の知らない口座を持ってるもんだって
ひみつ銀行
そうなの?
ほら、人生何があるか分からないから、万一に備えて貯めておくの
別に旦那に隠す必要はないんじゃないの?
お金があると安心しちゃう人もいるでしょ。お金がない前提で生活した方がいい場合もあるわけよ
そんなものか…
そういうわけでわたくし、お金の知識も増えたことだしこれからはガンガン働いて夢のマイホームを手に入れます!

コラム1.

妊娠しやすいカラダづくり

あんがい知らない人が多い妊娠の基本。お母さんであるあなたがちゃんとした知識を身につけて、新しい命の誕生をサポートしてあげましょう！

基本その1.基礎体温をつける

妊娠しやすい日を見極めるために、毎日基礎体温をつけるようにしましょう。基礎体温をつけることで、妊娠の早期発見や、不妊の原因の手がかりを見つけることもできます。

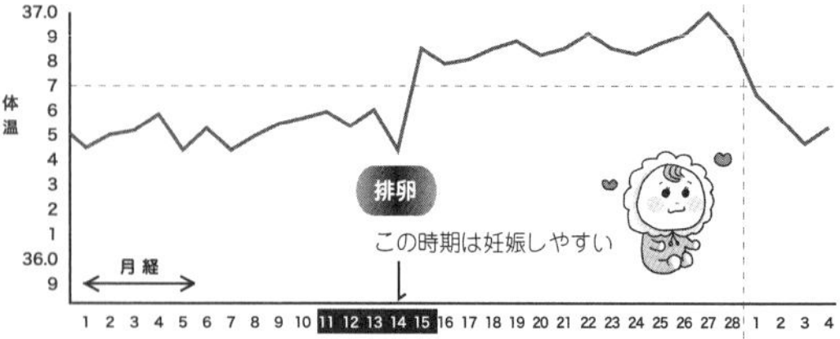

37.0
9
8
7
6
5
4
3
2
1
36.0
9
体温
排卵
この時期は妊娠しやすい
月経
1 2 3 4 5 6 7 8 9 10 11 12 13 14 15 16 17 18 19 20 21 22 23 24 25 26 27 28 1 2 3 4

基本その2.体重管理

痩せすぎ太りすぎは、不妊を招きます。とくに、急激なダイエットは絶対に禁物。無月経や無排卵月経の原因になります。男性も女性もBMI値22（81ページ参照）がベストです。

基本その3.血行をよくする

血液のめぐりが悪いと妊娠しにくくなると言われています。ウオーキングや水泳などの全身運動、半身浴が効果的です。ガードルやタイトなパンツでウエストをしめつけすぎないことも大事。

基本その4.こまめなストレスケア

ストレスの継続はホルモンバランスを乱し、月経異常を引き起こす原因に。感じたストレスは、できるだけ早く解消しましょう。アロマを焚いたり、ショッピングをしたり。あなたなりのとっておきのストレス解消法を見つけて。

2 健康のこと

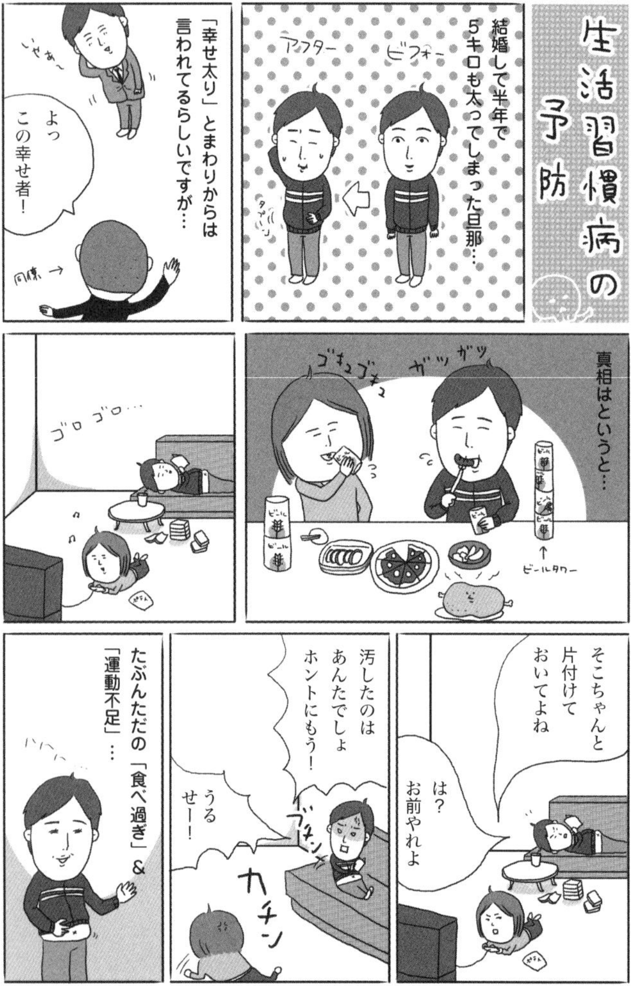
生活習慣病の予防
結婚して半年で5キロも太ってしまった旦那…
ビフォー
アフター
タプーン
「幸せ太り」とまわりからは言われてるらしいですが…
いやあ～
よっ この幸せ者！
同僚→
真相はというと…
ガツガツ
ゴキュゴキュ
ビールタワー
ゴロゴロ…
そこちゃんと片付けておいてよね
は？ お前やれよ
汚したのはあんたでしょホントにもう！
ブチン
うるせー！
カチーン
たぶんただの「食べ過ぎ」&「運動不足」…
ハハハ…

最初は笑ってごまかしていた旦那も…
コレステロール高すぎです
ガーン
お医者さん
健康診断の結果に焦ったようで…
自らお医者さんの元を訪れることにしました
高島Clinic
ドキドキ
お世話になったのは高島クリニックの高島院長と、奥様の高島正看護師
モデル体型
男前
頭いい
美人
スレンダー
足長い
※私の絵では表現しきれず…
同じ日本人で何故こうも違う…?
ギリギリ体型
大顔
でっパラ
背は高いがゴツイ…
この短期間で5キロ増とは…
コレステロールもちょっと高いね…
食べすぎ
運動不足
ストレス
こんな生活を続けていたら糖尿病・高脂血症・高血圧などの生活習慣病にかかってしまうよ!

糖尿病や高脂血症などにかかると血液がドロドロになって血管に脂肪やコレステロールが付着していく…
コレステロール
次第に血管自体が細くなって、最終的には詰まってしまうんだ！
それが原因となって脳卒中や心筋梗塞といった恐ろしい病気を引き起こしてしまうの
脳卒中
心筋梗塞
腎臓病
でもまだ若いし…
それって中年の病気じゃないですかー？
ウフフ
アハハ
まだ20代、30代だから大丈夫という考えはキケンだよ！
今は10代でも糖尿病や高脂血症になる子がいるんだよ
全部
ポテト
BIG
成人病から生活習慣病に呼び名が変わったのはこのせい。成人しなくても病気になる人が増えてきたからだよ
10代でも…!?

生活習慣病になってもはじめのうちは無自覚無症状
ガツガツ
にく
でもそれが逆に恐いんだ!
どーん
気づいたとき＝重大な病気を発症していることが多いからね
しかも一度かかると治りにくい病気が多いという点も、生活習慣病の恐いところだよ
キャー!!
ううぅ…オレは…もう死ぬのか!?
ずううん
まだ大丈夫! 日々の積み重ねが大事だから、今日から早速生活を見直してみよう
がんばります!!

こんな人は生活習慣病になる危険性大!!

- □高カロリーの食事が多い

- □食事のバランスが悪い
- □間食が多い

- □お酒をよく飲む
- □タバコを吸う
- □運動不足
- □ストレスをためている

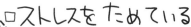

健康診断ではココをチェック!!

基準値を超えている場合は早急に生活習慣の改善を！

- 血圧 収縮期 130 mmHg未満
  拡張期 85 mmHg未満
- 善玉コレステロール（HDLコレステロール） 40～119mg/dL
- 悪玉コレステロール（LDLコレステロール） 60～119mg/dL
- 中性脂肪 30～149mg/dL
- 空腹時血糖値 ～99mg/dLかつ
  HbA1c －5.1%以下

健康診断は１～２年に１回は定期的に受けよう。職場で健康診断を受けられない場合は行政でやっていることも多いので、自分が住んでいる地域の情報を確認してみて

BMI値とウェストまわりで自分の体をチェック！

BMI ＝ 体重(kg) ÷ 身長(m) ÷ 身長(m)

BMI値チェック	18.5未満	18.5～25未満	25以上
	低体重	ふつう	肥満

メタボリックシンドロームって？

「BMI値」を出してみて、25を超えている場合は要注意。糖尿病や高血圧のリスクが一気に高まります。最も健康的であるBMI値22を目指し「腹八分目」の食事を。

またBMI値に問題がなくても、ウエストが85ｃｍ以上（女性の場合は90ｃｍ以上）ある人は内臓に脂肪がつき、同じく生活習慣病になりやすい体型と言えます。これがいわゆるメタボリックシンドローム。肥満は見た目だけの問題じゃありません。「旦那もそうだけど自分も…」という人は、一緒にダイエットをはじめてみてはいかが？

生活習慣病を寄せつけない 食生活

生活習慣病を予防するために一番大事なのは、当たり前だけどやっぱり食事。あなたが作る毎日の料理が、旦那さんの健康のカギを握っていると言っても過言ではないんです。
毎日の「ま、いっか」という甘えが、ドロドロ血液のもと。逆に言えば、ちょっとした心がけでも毎日の積み重ねで血液はサラサラになります。

食事は1日3回、栄養バランスを考えて！

食事は、朝・昼・晩の3回に分けて食べるのが基本。最近は1日2食の人も多いようですが、脂肪をためやすい体質になってしまうのであまりオススメできません。（お相撲さんが1日2食の理由はこのため！）
また、栄養バランスを考えた食事も大事です。とは言っても「炭水化物10に対して、タンパク質は4の割合で…」なんてのは、正直シンドイ。なので、まずは「いろんな種類の食べ物を、少しずつ食べる」ことからはじめます。1食で10品目摂るのを目標にし、和食を中心に献立を考えてみましょう。

健康キーワード…

まごはやさしい

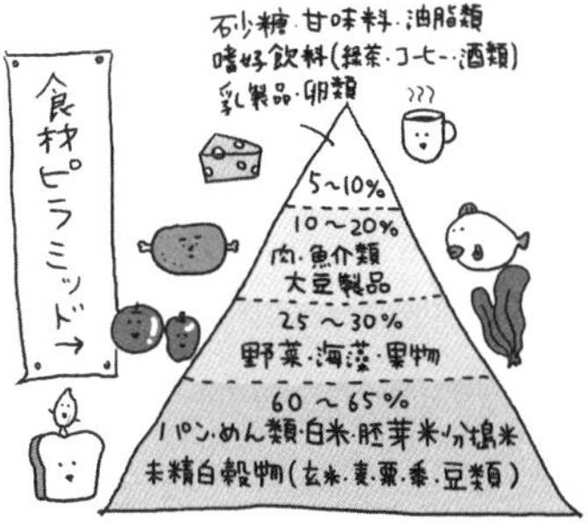
食材ピラミッド→
砂糖・甘味料・油脂類
嗜好飲料（緑茶・コーヒー・酒類）
乳製品・卵類
5〜10%
10〜20%
肉・魚介類
大豆製品
25〜30%
野菜・海藻・果物
60〜65%
パン・めん類・白米・胚芽米・分搗米
未精白穀物（玄米・麦・粟・黍・豆類）

シッカリ食生活を管理したい人は左の「食材ピラミッド」を参考に1日の栄養を摂ります

食事で血液をサラサラに！

サラサラ
ドロドロ

ドロドロになった血液をサラサラにしてくれる食材を紹介。緑黄色野菜、においのキツイもの、すっぱいもの、ネバネバするもの、青魚、黒いものに効果が高い食材が多いと言えます。毎食、積極的に摂り入れて。

クサッ
黒酢
流れろ！
オレの血液!!

緑黄色野菜
ほうれん草、ピーマン、にんじん、トマトなど

においのキツイもの
たまねぎ、にんにく、ニラ、セロリ、しそなど

ネバネバするもの
長芋、オクラ、納豆、もずく、なめこ、とろろ昆布など

すっぱいもの
酢、梅干し、レモンやグレープフルーツ等の柑橘類など

黒いもの
ひじき・ワカメ等の海藻類、黒豆、黒ゴマ、黒酢など

青魚
さんま、いわし、あじ、さば、マグロ、カツオなど

生活習慣病を寄せつけない その他の方法

その1. 運動!!

オススメなのはストレッチ、ヨガ、ウオーキングなどの有酸素運動。有酸素運動には「中性脂肪や内臓脂肪を減らす」「血糖値や血圧を下げる」といったうれしい効果がいっぱいです。目標は1日30分！　それが難しい場合は毎日でなくともいいですし、1日5分だけでもOK。夫婦一緒に楽しんで。また、エレベーターは使わず階段を利用する、ちょっと早足で歩くなど、日常生活の中で積極的に体を動かすことも大事です。

ストレッチ
いでででで

ヨガ

・ウォーキング

その2. ストレス解消

ストレスを感じると血圧があがり、中性脂肪や内臓脂肪を増やすことが分かっています。ストレスの一切ない生活はありえないので、ストレスを解消することを第一に考えて。

・ゆっくり入浴する

どーん
・お笑いを見る

・6〜8時間の睡眠

・アロマを焚く

萌えっス!!
・趣味に没頭する

1日の飲酒目安量
・ビール
大びん　1本
・焼酎　0.5合
・日本酒　1合
・ワイン
ワイングラス　2杯程度
・ウィスキー
シングル　2杯程度

その3. 少酒・禁煙

ウッ!!
ウッ!!

お酒の飲み過ぎは、肥満や高血圧、糖尿病のもと。1日の飲酒量を守り、週に最低2日はお酒を飲まない日を作って。
「いつかは禁煙したい」と思っている人は、今がチャンス。周知のとおり、タバコは百害あって一利なし。タバコに含まれるニコチンが高血圧をまねき、一酸化炭素が動脈硬化をうながします。生活習慣病だけではなく、喉頭ガンや肺ガンなどのリスクもアップ！

百害あって
一利なし

ウッ!!

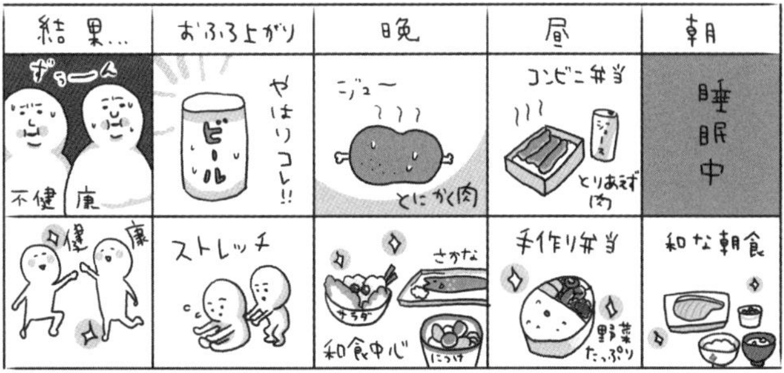
朝
睡眠中
和な朝食
昼
コンビニ弁当
ジュース
とりあえず肉
手作り弁当
野菜たっぷり
晩
ジュ〜
とにかく肉
さかな
サラダ
和食中心
につけ
おふろ上がり
ビール
やはりコレ!!
ストレッチ
結果…
ずぅ〜ん
不健康
健康

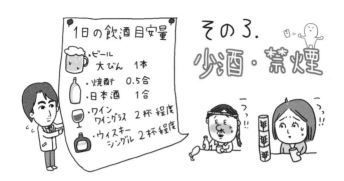

看病と応急処置
ただいま……
あっ
おかえ…
…って、見るからに具合悪そう!
フラフラ
うう…だるい…
寒気もするし
熱計ってみな!
こ、これは…
風邪!
ここはカンペキな看病をせねば!
ホラ
風邪といえば
おかゆだよ。
あと力つくように
肉もあるよ
イヤ
全然食欲が…
ムリしてでも食べて!
いっぱい食べなきゃ
治らないよ!
や…やめろ…
むぐぐぐ

20分後…
よ～し。
あとは寝ていれば
そのうち治るでしょう！
ふぅ
疲れたー
全部
食べさせられた
は、
吐きそう…
満足!!
ぐったり
別の日…
あっ、ちょっと
鼻血が出てるよ！
あら。
こういうときはたしか
首のうしろを…
トントン
ねぇ、全然止まら
ないんだけど…
もしかして
看病の仕方
間違ってる
のかな…
え、もしかして適当
だったの…？
!!
・・・
ブチン

数日後…
生命の危機を感じた
夫に連れられ
再び髙島院長の元へ
高島Clinic
そんな看病じゃ
治るものも
治らないよ…
鼻血の止め方も
医学的な根拠は
なんにもないよ
風邪の看病とかって
自己流でやってる人が
多いようだね…
ゴス
あと、今回は鼻血程度
だったから良かった
ものの、旦那さんや
お子さんが万一ヤケド
をおったり
ケガ
日射病
ヤケド
日射病で倒れたり
したらどう対処した
らいいか知ってる?
全然
わかりません…
オレは…
オレはヨメの手によって
死ぬときが来るのか!?
ははは。
いざというときになって
慌てないように、ここで
しっかりと覚えておこう!
もちろん
旦那さんも一緒にね!
おねがいします!!

ひどい下痢のときの看病

下痢は毒素を体外に排除しようとするために起こる現象。すべて毒素が出切ってしまえば、下痢は止まります。
むやみに下痢止めを飲むよりも、自然治癒する力を助けてあげるようにして。
ただし、海外旅行後に下痢に見舞われたときは、赤痢・コレラなどの疑いもあるのですぐに病院へ。

1. 保温

おなかだけは…
ハラマキ
&
カイロ

2. 水分補給

温かいお茶
OR
冷たすぎないスポーツ飲料

＊適した食事内容は？

消化の良い食べ物がベスト。腸に刺激を与えないよう「油っこいもの」「辛いもの」「かたいもの」「生もの」「冷たすぎるもの」は避けて。

＊料理を作るときに気を付けること

キッチンにはバイ菌がいっぱいです。料理の最中にまぎれたバイ菌を口にして、下痢を引き起こすことも。
特にまな板と包丁はこまめに洗い、最後は熱湯消毒をします。冷蔵庫を信じ過ぎないで、生鮮食品はできるだけ早く使い切って。

うじゃ
うじゃ

風邪のときの看病

まずは「手洗い」「うがい」で風邪予防を心がけましょう。それでも風邪をひいてしまったら、「保温」「保湿」「水分補給」を基本に看病します。

1. 保温

病人が寒がっているか、暑がっているかで対処が違います。

寒がっている時
(引きはじめ)

布団をもう1枚かけるなどして温める。

暑がっている時
(ウイルスと戦っている)

氷枕、冷やしたタオルや冷却シートなどで頭・おでこを冷やす。汗をかくので、こまめに下着を替える。

2. 保湿

のどが乾燥するとウイルスが体内に入りやすくなります。

うがい

口内のウイルスを排除し、のどを乾燥から守る。

マスク

のどを乾燥から守り、ウイルスが飛び散るのを防ぐ。

部屋の湿度

湿度60％以上を保つように。

3. 水分補給

食欲がなくても、水分補給だけはしっかりと。適度に冷えたスポーツ飲料がオススメ。点滴とほぼ同じ成分が入っています！

プハー
スポーツドリンク

風邪に関するよくあるギモン

Q.お風呂には入ってもいいの？

体温が37℃台であれば、入っても大丈夫。ただ湯冷めをしないように、お風呂から出たらすぐにお布団へ。38℃以上あるときは、避けた方が安心。「どうしても」というときは清拭を。体を冷やさないように、拭く箇所だけ脱ぐようにしましょう。

1、キレイなタオルを熱いと感じるお湯に浸し、しっかりと絞る。お好みで爽やかな香りのエッセンシャルオイルを垂らして
2、汚れが気になる部分を末端から心臓に向かって拭く。ゴシゴシこすらず、蒸しタオルで汚れを浮かし、やさしく拭き取って

Q.何を食べたらいいの？

食欲がないときに、ムリして食べさせないように。特に油っこいものは胃に負担がかかるのでダメ。水分さえ補っておけばOKです。熱が下がりかけのときには食欲も出てくるので、消化の良い、おかゆ、うどん、ゼリー飲料などで栄養補給。アイスクリームでも！

Q.残った薬はどうしたら？

お医者さんに処方してもらった薬がなくなる前に風邪が治ったら…
抗生物質を含む薬→残った分も全部飲む
その他の薬→治った時点で残してもいい
※薬は半年ほど持つので冷暗所に保管しておき次の風邪のときにも使用できる。ただ、症状の微妙な違いがあるので、その都度新しい薬を処方してもらった方が安心

Q.風邪を移さないためには？

風邪は二次感染しやすい病気。家族全員でダウンしないよう、次のことに気をつけて。

ゴミはすぐ捨てる

病人が使ったティッシュは要注意。すぐに捨てられないときは、フタ付のゴミ箱にする、ゴミ袋をしっかり縛るなどしてウイルスが舞うのを防いで。

タオルや食器はすぐ洗う

病人が使用したものは他の人と共用せず、すぐに洗剤で洗うのが鉄則。

寝室は別にする

病人がいる部屋にはウイルスがいっぱい。看病するとき以外は、別々に生活した方が○。

マスクをつける

せきやくしゃみをすると何十万、何百万というウイルスが飛び散ります。マスクは毎日取り替えて。

ケガやトラブルの応急処置

万一の事態にもすぐ対処できるよう、応急処置はしっかり頭へインプットしておいて。ひと通りの処置が終わったら状況に応じて病院へ。緊急を要する重大なケガ・病気の場合は、救急車を呼んでから応急処置に取りかかります。

鼻血が出た

小鼻をしっかりと押さえ、前かがみになって止血する。10〜15分経っても止まらないときは病院に行く。

骨折をした

痛みがひどいとき、腫れているとき、顔面蒼白になっているときは骨折の可能性大。患部を冷やし、できるだけ動かさないように固定して病院に行く。

ヤケドを負った

一刻も早く、痛みがなくなるまで流水で冷やします。氷を直接あてるのは厳禁。服のうえからヤケドをおったときは、無理に脱がさずそのままの状態で冷やして。ヤケドが広範囲で病院へ行く場合も、まずは冷やしてから。

ぎっくり腰になった

シップをして横になる。あお向けは痛みを悪化させるので、体を丸めてラクな姿勢をとり安静にする。

目に異物が入った

手に流水をためつつ、目をパチパチさせる。

切り傷、擦り傷、刺し傷を負った

出血が多いときは、患部にガーゼを当て強く押さえる。血が止まったあとに傷口を洗い消毒し、絆創膏を巻く。傷口が広範囲の場合はガーゼを当て包帯を巻く。血が止まらない深い傷は、傷口をガーゼで押さえながら病院へ。

犬やネコにかまれた 引っ掻かれた

すぐに患部を水で洗い、消毒する。破傷風など命にかかわる病気にかかることもあるので、すぐに病院に行く。

日射病や熱射病

涼しい場所に運ぶ。服を脱がせる。太い血管が通る首・脇の下・ひざの裏を冷やす。常温の水をかけるなどして、体温を下げる。意識がないときは、救急車を呼んでから上記の対応を。

ハチやムカデに刺された

ハチは針が残っていたら毛抜きで取り除く（手で針を触らないように）。刺されたところを口で強く吸い、毒を出す。患部を洗い、抗ヒスタミン剤配合の薬を塗る。

のどにモノが詰まった

乳児の場合は逆さにして、背中を叩く。大人の場合は、せきをしつづけて吐き出させる。せきが出ないときは、下を向かせ背中を強く叩く。詰まっているものが見える場合は、手でかき出しても。

トゲやガラス，釘が刺さった

清潔な毛抜き、ピンセットで取り除き消毒する。痛みがつづくときやウミが出るときは、まだ体内に異物が残っている可能性が高いので病院に行く。釣り針や刺さったものが大きい場合は、抜かずにそのまま病院へ。

あると安心!! 家庭の常備薬 & 衛生用品

いざというとき慌てることがないよう、半年に1回は在庫と使用期限をチェック。

＊解熱鎮痛剤
いぐすり
＊胃薬
かぜぐすり
＊かぜ薬
＊きず薬
かゆみどめ
＊かゆみ止め
消毒
＊消毒液
うがい
＊うがい薬
しっぷ
＊シップ
ガーゼ
＊ガーゼ
＊ばんそうこう
めんぼう
＊めんぼう
＊体温計
＊清潔なピンセット
＊氷枕(冷却シート)

コラム2.

乳ガン検診を受けよう

「まさか自分がガンになるなんて…」乳ガンになった女性の多くが、こう言います。しかし、食生活の変化により今や日本女性の12人に1人が乳ガンになる時代です。特に家庭、および職場で最も必要とされる40〜50代での発症率が高く、毎年1万3千人以上の方が乳ガンで亡くなっています。
早期発見できれば、普段通りの生活に戻れるにもかかわらず、日本は他の先進国に比べて乳ガン検診の受診率が非常に低く、死亡率も年々上昇しているのが現状。

触診で乳ガンがわかるころには症状が進行していることが多いため、早期発見するにはマンモグラフィ検診が欠かせません。大切な家族のためにも、30才を過ぎたら1〜2年に1回は検診を受けましょう。その際には信頼できる病院、お医者さんを選ぶことも自分の体を守るためには大切です。

マンモグラフィ検診とは…

乳房のＸ線撮影のことです。専用のレントゲンで乳房を圧迫して撮影します。費用は施設によってマチマチですが、数千円〜2万円程度です。
欧米ではマンモグラフィ検診者が増加した結果、乳ガンによる死亡率が低下しています。

3

マナーのこと

マナーのこと
若いころはそれなりに
はしゃいできた
私も…
ヘーイ!!
いきおい →
結婚を機に
お付き合いの
仕方やマナーを
考えるように
なりました
義父母
とは言えですよ!!
リビング
キッチン
ウロウロ
お、お手伝い!!
いや、じゃまになる…
夫の実家にて
何回パラパラ
すんだっけ!?
お焼香
その場になって焦り
空回りすること多々あり
大人になれば
自然とできるように
なるものだと思って
たんですよ!
母
まるで私が
ダメみたいじゃない!
チェッ
だからサラッと
こなせる人に
憧れちゃいます
まぁ
たしかに
お前は自分が
思ってるより
ダメだな
なによ急に!
そんなこと自分でも
分かってる
わよ

オレから見るとこれはこんな感じだぞ…
ヒイイイイ
何やってんだ…
カサカサ
※夫の実家での奇行※
モクモク
※お焼香やりすぎ※
え…そんな感じなの私って…?
ガーン
今後子どもが生まれたらさらに人との繋がりが増えていくだろうし…いつか大恥かいても知らんぞ!
先生
ママ友
私だけが恥をかくならまだしも…家族みんなにも迷惑かけちゃうのはイヤ!
入江想像図
お前の母ちゃん常識知らずだな!!
ハズカシ〜
友達
ミーん
←入江子供
というわけでHP「女性のマナーと人間関係」の管理人・西川瑞さんに話を聞きにいくことに
女性のマナー
←得意のインターネット
マナーについて詳しい人の前で私はソソウせずにいられるんだろうか、不安…
ドキ
ドキ
最初のあいさつはなんて言えばいいんだ?
「どうもはじめまして」かな?
でもメールでやりとりしてたからはじめましてっていうのもおかしいかな…

そもそもすんごい厳しい
オバちゃんが出てきて
どんな育て方をしたらこんな大人になるのかしら！
細●系
だから、私のせいにしないでちょうだい!!
母
とか言われちゃったら
どうしよう…
もっと下調べして
くるべきだったかな。
ああ、マズイなぁ…
カラーン
ハッ
“女性のマナーと人間関係”
管理人 西川瑞さん
あらっ
に、にしかわさん!!
ドキドキドキドキドキドキ
こ、こんにちは。はじめまして。入江と申します
今日はお忙しい中お時間を作っていただいてありがとうございます
こんにちは西川です。入江さん…
緊張してらっしゃる？肩の力を抜いてやりましょう！
コツコツ
は、はい。ありがとうございます！
スゴクやさしそうなんだ!!
YOKATTA!!
西川さん細●系を想像しちゃってすみません…
あっ!!

マナーをそんなに堅苦しく考えないでね
これができないと恥ずかしいとか大人ならできて当然とかそういうことより「誰かを思う心がマナーにつながる」って考えてほしいの
誰かを思う心か…
「お中元の時期だから何か贈らなきゃ」じゃなくて「日頃お世話になっているあの人に感謝の気持ちを込めて、好きだと言っていたビールを贈ろう」っていうふうにね
おっ!!ビール!!
そう考えると堅苦しいものじゃなくなりますね
でしょ!そういう心で人と接していけば、マナーも身につきやすいと思うな
それではさっそく見ていきましょう
・結婚式のマナー(100ページ~)
・葬式のマナー(106ページ~)
・贈り物のマナー(110ページ~)
・人付き合いのマナー(116ページ~)
どれも結婚生活には欠かせないものばかり
とっさのときにこそその人のマナーがでますから、日頃から意識してくださいね
とっさのとき

結婚式のマナー

結婚式は結婚する本人たちはもちろん、まわりの人たちにとっても、おめでたい儀式です。自分の立振る舞いで場の雰囲気をこわしてしまうようなことがあったら、後悔してもしきれませんよね。披露宴は多くの年長者が集まる場所だけに、いつも以上に気を引き締めましょう。結婚式に出席しない場合も、やはり精一杯のおめでとうを込めてお祝いをしたいものです。

招待状が届いたら

届いてから2～3日中に返信します。口頭で参加の有無を伝えられる間柄だとしても、返信ハガキはかならず出しましょう。文字は黒インクで、ハッキリと書きます。

ひとくちMEMO

結婚式と弔事の時間が重なってしまった場合は、基本的に弔事を優先。ただし近親者の結婚式は例外。

〈出席する場合〉

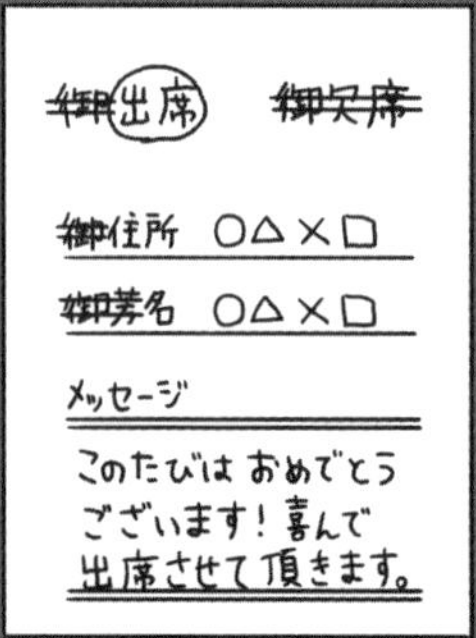
~~御~~出席 ~~御欠席~~
~~御~~住所 ○△×□
~~御芳~~名 ○△×□
メッセージ
このたびは おめでとう
ございます！喜んで
出席させて頂きます。

〈欠席する場合〉

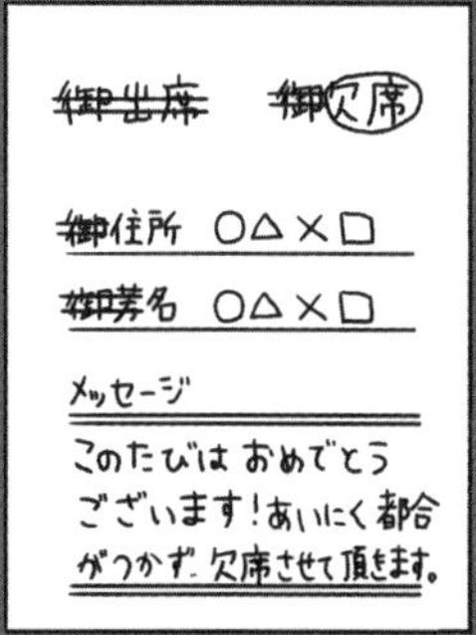
~~御出席~~ ~~御~~欠席
~~御~~住所 ○△×□
~~御芳~~名 ○△×□
メッセージ
このたびは おめでとう
ございます！あいにく都合
がつかず、欠席させて頂きます。

出席する場合は、お祝いの言葉を一緒にそえて。弔事（四十九日など）で欠席する場合は、理由を明記するのは避け「あいにく都合がつかなくて」等、ぼかした表現にとどめましょう。出産などのおめでたい理由は、その旨書いてOK。祝電を送るのを忘れずに。

ご祝儀について。

金額は「2で割れる」偶数を避け、新札を包むのが基本です。ただし2はペア、8は末広がり、10はキリのよい数字のため、問題ないとされています。親類などに送る場合は親類内で金額の取り決めをしていることも多いので、よく聞いてからにしましょう。

ご祝儀金額の目安

	披露宴に出席	披露宴に欠席
上司	3～5万円	1万円
同僚	2～3万円	5千～1万円
部下	2～3万円	5千～1万円
兄弟	5～10万円	3～5万円
おい・めい	5～10万円	1～3万円
いとこ	3～5万円	1～3万円
その他の親類	3～10万円	1万円
友人・知人	2～3万円	1万円
隣・近所	～3万円	1万円

MEMO

夫婦2人連名の場合であっても、2倍の金額を包む必要はなし。1人2～3万円の間柄なら「5万円」、もしくは「2or3万円＋プレゼント」という形で大丈夫です。

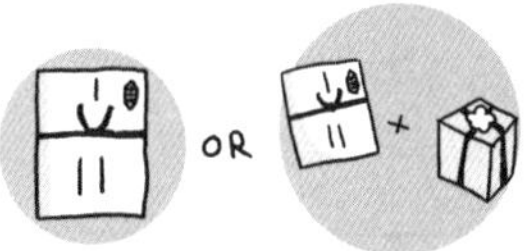

祝儀袋の選び方

祝儀袋の水引は「結び切り」と「蝶結び」の2タイプの結び方に分かれます。

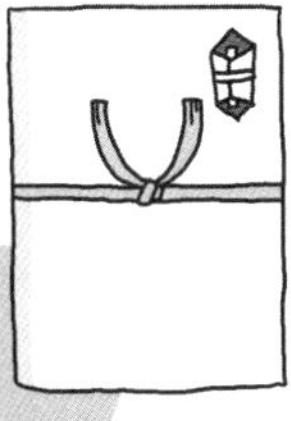

〈結び切り〉

結婚のお祝いで使うのは、一度結んだらほどけず、引けば引くほど強くなる「結び切り」タイプ。「一度きり」という意味が込められています。

〈蝶結び〉

「蝶結び」は何度も結び直しが可能なため、何回あってもうれしい出産などのお祝いに使用します。

さまざまな装飾がほどこされた祝儀袋がありますが、包む金額に見合ったものを選びましょう。豪華な祝儀袋に5千円を包んでしまっては相手もガッカリです。

中包みのルール

中包み

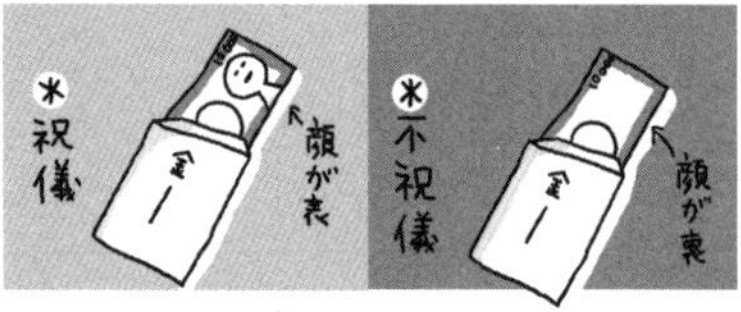
※祝儀
金一
顔が表
※不祝儀
金一
顔が裏

表面には包んだ金額を、裏面左下には住所と名前を書きます。
金額は旧字体で。「一→壱」「二→弐」「三→参」「五→伍」「十→壱拾」となります。また、お金を入れる向きも慶事と弔事では違うので注意が必要です。

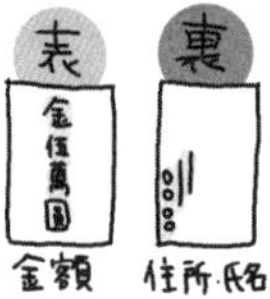
表
裏
金伍萬圓
金額
住所.氏名

祝儀袋の裏のたたみ方にも注意！
不祝儀
祝儀

表書きのルール

毛筆（筆ペン）を使い、濃い墨で書きます。薄い墨は弔事のときに使用するためタブー。また、ボールペンや万年筆も避けましょう。

〈人数が多い時〉

表は「代表者名　外一同」と書きます。その他の人については、半紙に目上の人を一番右にして順に名前を書き、中包みに入れます（50音順でも）。部署名やグループ名がある場合は「○○○一同」だけでもOK。

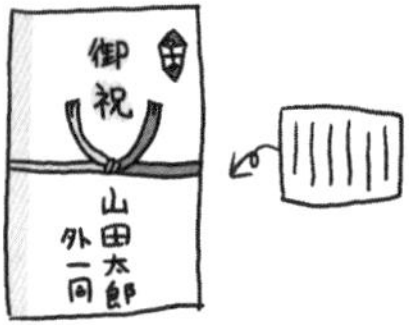
御祝
山田太郎
外一同

〈夫婦連名〉

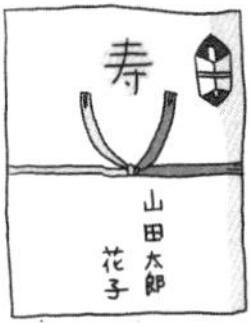
寿
山田太郎
花子

*右に旦那、左に妻

ふくさの使い方、包み方

祝儀袋を裸のまま持つのは、できれば避けたいものです。ふくさに包んで持ち歩きましょう。祝儀袋を包むときは「赤」「ピンク」などの暖色系、不祝儀袋を包むときは「紺」「グレー」などの暗い色のふくさを選びます。「紫」は、どちらのシーンにも対応できるので便利です。

包み方（祝儀）

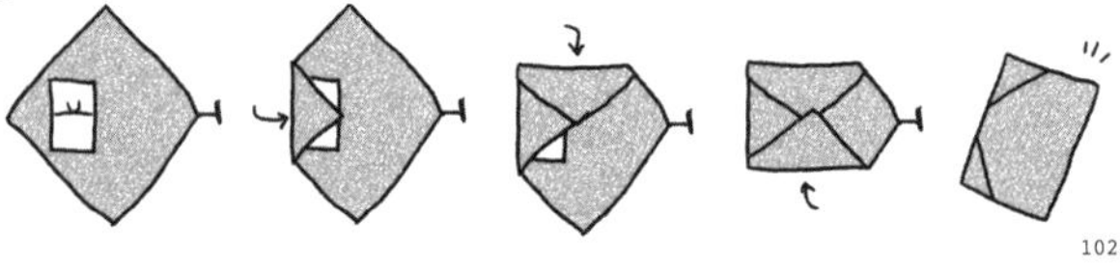

結婚式での服装

結婚する2人より目立たないことが大事。女性は肌の露出が多い派手な服や、白1色の装いは避けます。黒のフォーマルを着る場合は、全身黒ずくめにならないよう、アクセサリーやスカーフなどで華やかさを演出して。
また「昼」の披露宴の場合は、ラメやエナメル、ゴールドなどキラキラ光るファッション小物は避け、真珠や水晶など透明感があるものを選びます。「夜」の場合は逆に、照明にはえるドレスやアクセサリーが適しています。

女性が和服を着る場合は、既婚者なら色留袖（訪問着でも可）、未婚者なら振袖が基本です。ただ、花嫁のお色直しの衣装が振袖の場合があるので派手になりすぎないように注意。アクセサリーは指輪と帯留めのみにとどめます。どうしてもというときだけ、小さなピアスをつけましょう。

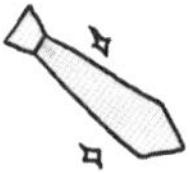

男性は「昼」はモーニングにシルバーグレーのタイ、「夜」はタキシードに黒の蝶タイ、またはえんび服に白の蝶タイが正装です。家族や親類の結婚式の場合は正装が適していますが、そうでない場合は、ブラックスーツでもOK。昼夜どちらに着用しても大丈夫です。シャツとネクタイは白、靴と靴下は黒が基本ですが、カジュアルなパーティーなら明るめのネクタイでもいいでしょう。

子供の服装は…

男の子ならブレザーにズボン（半ズボン）、女の子ならワンピースなどが好ましいですが、学校に制服があればそれを着ていっても問題なし。

結婚式での スマートな振る舞い

受付時

当日は早めに会場に着くようにします。受付の人に一礼したあと、「本日はおめでとうございます」と伝え、芳名帳に署名します。その後、ふくさから祝儀袋を出し、表書きを相手に向けて「心ばかりのお祝いです。お納めください」と言って渡します。両家の両親と挨拶する機会がある場合は「本日はお招きいただきありがとうございます。本当におめでとうございます」と伝えます。

披露宴中

テーブルに着席するときは「左側」からまわり、バッグは「背中と背もたれの間」に置きます。面識がない人が隣の席の場合、乾杯までに簡単な自己紹介をしておくと良いでしょう。披露宴中は「離れる、切れる、別れる、終わる、壊れる、散る、去る」といった言葉のほか、「かさねがさね、再び、またまた、繰り返す」といった言葉を口に出さないように注意します。

トイレは、お色直しの前などを見計らって行くようにします。新郎新婦に声をかけるときや一緒に写真を撮るときなどは手短にすませ、新郎新婦を独占しないように心がけましょう。

退場時

引き出物のほか、「席次表」「メニュー」「名札」も一緒に持ち帰ります。新郎新婦やその両親が見送りに立っているので「とても良い披露宴でした。お招きくださり本当にありがとうございました」と丁寧に挨拶をします。後ろの人のことを考えて、短く済ませるのがマナーです。

お祝いの品を贈る

Ⓛ 贈るタイミング

お祝いの品を「招待状が発送される前」に贈るのは避けたいものです。「お祝いをもらったから、招待しなくては」と余計な気を遣わせてしまう可能性があるので、式の2週間前あたりが良いでしょう。結婚式に招待されることが分かっている場合は、出席・欠席にかかわらず、式の1ヶ月前から2週間前までに贈ります。

喜ばれる贈りもの

新生活にぴったりな品物を贈りましょう。高額なものを贈る場合は、事前に本人たちに相談。嫁入り道具や他の方からのプレゼントとかぶってしまっては、逆に迷惑になってしまいます。

! ただし、こういった縁起を気にしない人や実用性の高いものを喜ぶ人も多いので、贈りたい場合は直接本人に聞いてみましょう。

葬式のマナー

思いがけない訃報の知らせ。悲しいけれど、そんなときこそ慌てずに、心を込めて故人を見送りたいものです。そのためには前もって葬儀マナーを知っておく必要があります。また、遺族は悲しみに浸る時間が持てないほど忙しく動き回っています。ときにはお手伝いを買って出ることも必要です。

危篤の知らせを聞いたら…

危篤の知らせがきたということは、あなたにも一緒に最期を見取ってほしいという気持ちがあるからです。どんなことがあっても、すぐに駆けつけてあげましょう。普段着で大丈夫です。喪服は持っていってもいいですが、絶対に外から見えないようにして。

訃報を聞いたら…

電話で訃報を聞いたら「心からお悔やみ申し上げます」と声をかけます。故人と仲が良かった場合は、遺族に確認後駆けつけ、手伝います。訃報を関係者に連絡したり、通夜の準備をしたりとやることはたくさんあります。それ以外の関係の場合は、すぐに弔問するのは避け、通夜や告別式に訪れるようにします。

弔電

遠方に住んでいる場合やどうしても都合がつかず弔問できない場合は弔電を打ちます。喪主宛てに、通夜（告別式）会場に送りましょう。喪主が分からない場合は「○○○○（故人名）ご遺族様」とします。

不祝儀袋の選び方

〈御霊前〉
あらゆる宗派の通夜・告別式〜四十九日まで

〈御仏前〉
仏教のみ。四十九日以降

〈御香料〉
仏教のみ。あらゆる弔事に対応

〈玉串料〉
神式のみ

〈お花料〉
キリスト教のみ

◆不祝儀金額の目安

以前は新札を包むことはタブーとされていましたが、最近は新札を包む方が一般的になってきています。気になる場合は新札を軽く折り目をつけてから包むようにします。
両親が亡くなった場合、喪主以外の子どもは香典を出します。また、地方によっては、近所の方が亡くなった場合の不祝儀金額を地域で取り決めていることもあるので注意が必要です。

両親	10万円
祖父母	1万円
兄弟	5〜10万円
おじ・おば	1〜5万円
その他の親類	1〜3万円
友人とその家族	5千〜1万円
勤務先関係	5千〜1万円
取引先関係	5千〜1万円
隣・近所	3〜5千円

◆中包み・表書きのルール

表書きは祝儀袋と同じく筆ペンで書きますが、薄い墨を使うように。中包みは102ページ参照。また、ふくさに包むときは、祝儀袋を包むときとは逆からになります。

包み方（不祝儀）

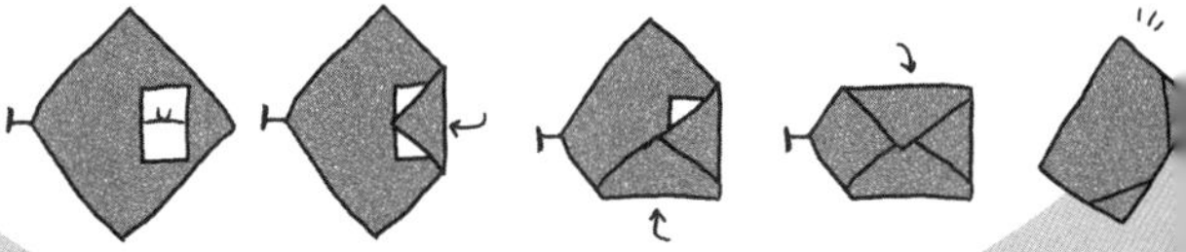

通夜・告別式での服装

以前は通夜に喪服を着ていくことは、「前もって用意していた」と考えられて嫌がられました。しかし、最近は喪服着用でもよいとされています。急な通夜の場合は、そのままの服装で大丈夫です。男性はできれば、黒いネクタイだけでも用意して。駅の売店などでも売っています。

＊女性＊

・アクセサリーをつける場合はパール(一連のもの)や黒曜石、オニキスなど
・黒のフォーマルドレス
光沢のない生地
ひざ丈で詰まったえり元のワンピース
・マニキュアは落とす
・光沢の少ない黒いカバン
・黒ストッキング
・黒パンプス

＊男性＊

・ネクタイが黒になること以外は結婚式と同じ

MEMO

女性が和服を着る場合は色無地の「三つ紋」か「一つ紋」を着るのが一般的。正装である「五つ紋」は、遺族が着ることが多いので避けましょう。

子供の服装　子どもの服装は、制服がある場合はそれを着用し、ない場合は黒っぽい服装であれば問題ありません。

◆通夜と告別式、どちらに出席するべきか？

故人と親しかった場合は、通夜と告別式の両方に出席。そうでない場合は、告別式の方に出席します。ただし、告別式は昼間に行われるため、仕事をしている人は通夜の方に出席することが多いようです。

◆通夜や告別式での振るまい

＊受付　コートを着ている場合は脱ぎ、手にかけます。受付の人に一礼したあと、お悔やみの言葉をかけ、芳名帳に署名します。その後、ふくさから不祝儀袋を出し、「御霊前にお供えください」と言って表書きを相手に向けて差し出します。

◇おくやみの言葉の一例

「この度はご愁傷様です」

「心からお悔やみ申し上げます」

*故人との対面

1. 故人の横に正座し、両手をついて一礼する
2. 遺族が白布を取ってくれるのを待ち（自分で取るのはタブー）、深く一礼するか合掌する
3. しばらく経ったら「ありがとうございました」と遺族に伝え一礼する
4. 前を向いたまま少し後ろに下がり、遺族にさらに一礼する

*お焼香

1. 自分の順番がまわってきたら遺族とお坊さんに一礼する
2. 祭壇に向かい、遺影に一礼する
3. お香入れからお香をつまみ、目の高さまで上げてから静かに香炉の上に落とす（宗派によっては、この動作を2、3回繰り返す）
4. 手を合わせて一礼したあと、遺影に向き合ったまま一歩さがり、遺族とお坊さんに一礼する

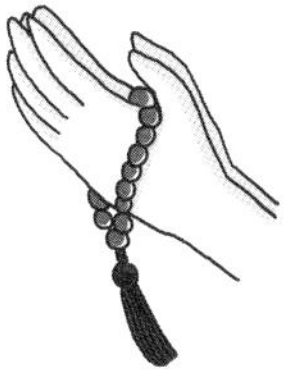

*数珠

合掌するときは、左手の親指と人差し指の間にかけ、使わないときやお焼香のときは、左手に持つ
※宗派や地域によって作法が異なります

*退席時

通夜の場合は「通夜ぶるまい」と言って、通常は食事やお酒が出されます。故人の供養なので、辞退せずに口をつけるようにしましょう。故人をしのぶ話題以外は慎むほか、「つづく、たびたび、再三、追う」などの言葉を避けた会話を心がけます。また会場を去る場合は、できるだけいっせいに出ないように。一気に人がいなくなると、遺族がさみしい思いをすることがあるからです。また、後日香典返しが届いてもお礼の電話はしないように。弔事に関することに対してお礼を言うのは失礼にあたります。

贈り物のマナー

お中元とお歳暮

日頃お世話になっている方々に対して、感謝の気持ちを表す贈答のしきたりです。相手が喪中であっても問題ありません。
原則として、お中元を贈った人にはお歳暮も贈ります。どうしてもどちらかだけという場合はお歳暮を優先。
またお中元とお歳暮で贈る物が違う場合は、お歳暮の方を高く設定します。これはお中元よりお歳暮の方が重要な挨拶とされているためです。

贈る時期

お中元

関東では7月初めから7/15まで、関西では7月初めから8/15まで。

お歳暮

12月初めから中旬あたりまでに贈ります。

※この時期を過ぎてしまったら.. 贈る時期によって名前をかえます

	時期	目上の人	それ以外
お中元	立秋前	暑中お伺い	暑中御見舞
	立秋過ぎ	残暑お伺い	残暑御見舞
お歳暮	1/1～1/7	お年賀	
	1/8過ぎ	寒中お伺い	寒中御見舞

贈り方

以前は直接お伺いして手渡しするのが丁寧とされていましたが、昨今はデパートなどから発送することが多いようです。その場合は品物が届く前に、日ごろの感謝の気持ちを込めた手紙を別送すると良いでしょう。
※お中元やお歳暮をいただく立場の場合、お返しの必要はありませんがお礼状を出すようにします。

贈答品の金額の目安

一度贈りはじめたら、なかなか途中で止めにくいしきたりです。あまり無理をせず、3000～5000円程度を目安に選びましょう。

せっかくですから相手の嗜好や家族構成を考えた品物を贈りたいですよね。一般的には商品券、カタログギフト、ビール、ハム類、洗剤、ジュース、コーヒーなどが喜ばれるようです。ただ、商品券やカタログギフトを贈る場合は「失礼かと思いましたが…」「お好きなものがわからなかったので…」と心遣いのメッセージを添えると良いでしょう。

出産祝い

よろしく!!

贈るタイミング

生後7日から1ヶ月の間に贈ります。

贈り方

産後は親族の出入りが激しく母子ともに大変でしょうから、直接届けるより、発送した方が良いでしょう。どうしても会って手渡したい場合は、産後1ヶ月を過ぎてから。出産後、相手が実家で過ごす場合は実家に送ってもかまいません。

贈答品金額 お祝い金の目安

品物で贈る場合も、お金や商品券を包む場合も、友人や勤務先関係なら5千～1万円程度、身内なら1～3万円程度が一般的です。

★お金を包む場合★

祝御出産

水引は赤白の蝶結び（出産は何度あってもおめでたいことなので）表書きは「御出産祝」「祝御出産」「御祝」など。

喜ばれる贈答品

重複するのを避けるため、本人に希望の商品を直接聞くのが一番です。特に数人で一緒にベビーカーやベビーベッドなど高額なものを贈りたい場合は、事前にかならず確認をするようにして。

・おもちゃ
・ベビー用食器
われない
・外出用のベビー服
・ベビーシューズ
・おむつなど消耗品
50枚
おしりふき
おむつ

出産祝をもらったら

「出産内祝」として、いただいた金額の半額から1/3程度の品をお返しします。生後1ヶ月頃に贈りましょう。鰹節や砂糖などの縁起物のほか、最近ではカタログギフトを贈る方が多いようです。水引は赤白の蝶結びで、のしをつけます。表書きは「内祝」とし、子どもの下の名前を書きます。

新築祝い

贈るタイミング

新築披露会の前日までに贈ります。当日渡すのは、他の招待客の手前避けた方が良いでしょう。

贈答品金額 お祝い金の目安

品物で贈る場合も、お金や商品券を包む場合も、友人や勤務先関係なら5千～1万円程度、身内なら1～5万円程度が一般的です。

★お金を包む場合★

水引は赤白の蝶結びで、のしをつけます。表書きは「御新築祝」「祝御新築」「新居御祝」とし、名前を書きます。

喜ばれる贈答品

観葉植物や絵、時計といったインテリア雑貨を贈ることが多いようですが、そういったものは個人の嗜好もあるので、品物選びはなかなか難しいかもしれません。カタログギフトや、商品券を贈るのが無難と言えるでしょう。火事を連想させる「灰皿」「ストーブ」「キャンドル」は避けます。

新築祝をもらったら…

引越をして落ち着いたら、新築のお披露目をします。いただいた物をその日までに飾っておき、軽い食事でもてなすことが、新築祝いのお返しとなります。お披露目会に出席できなかった人に対しては、いただいた金額の半額程度を目安に内祝を贈ります。2週間以内に相手の手元に届くように手配して。水引は赤白の蝶結びで、のしをつけます。表書きは「内祝」とし、名字のみを表記します。

長寿祝い

長寿を祝うしきたりを「賀寿」と言います。還暦のお祝いが一番メジャーですが、61歳はまだまだ現役世代。嫌がる方もいるでしょうから、配慮が必要です。

賀寿の名称	年齢（数え年）	由来	贈る物
還暦	61歳	十二支の干支が60年でひと回りし、61歳で生まれたときの干支に戻るから	赤いちゃんちゃんこ
古希	70歳	中国の詩人・杜甫の詩「人生七十古来稀なり」から	紫の座布団
喜寿	77歳	喜の草書体「㐂」が七十七に見えることから	-
傘寿	80歳	傘の略字「仐」が八十に見えることから	-
米寿	88歳	米の字を分解すると八十八になることから	-
卒寿	90歳	卒の略字「卆」が九十に見えることから	-
白寿	99歳	百の字から「一」をとると白になることから	-

贈るタイミング

身内が集まってお祝いをする場合は、その場で渡しましょう。特にそういった場を設けない場合は、誕生日当日か年の初めに贈ります。

喜ばれる贈りもの

以前は「還暦は赤いちゃんちゃんこ」「古希は紫の座布団」を贈るのがマナーとされていましたが、最近ではそういった習わしにとらわれず、その方の好みに合わせたものを贈ることが多くなっています。衣服を贈るほか、家族一緒の旅行や、観劇チケット、マッサージチェアーなども喜ばれます。

★お金を包む場合★

現金を贈る場合は、子どもなら2～3万円程度、親類なら1万円程度が一般的です。水引は赤白の蝶結びで、のしをつけます。表書きは「祝○○（賀寿の名称）」「寿福」「祝御長寿」とし、名前を書きます。大人数で贈る場合は「兄弟一同」などでOK。

入園、入学祝い

贈るタイミング

入園、入学の2週間前くらいまでに贈ります。大学入学の場合は、合格の知らせを聞いてから。
基本的には身内のお祝いなので、近所の方などには贈らなくても失礼にあたりません。

喜ばれる贈答品

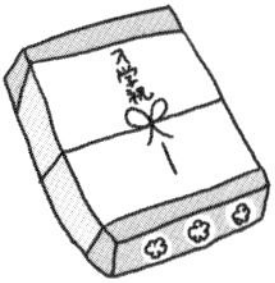

商品券や図書券を贈るのが良いでしょう。時計や文具も喜ばれます。身内なら5千～1万円、知人なら3～5千円程度が目安です。水引は赤白の蝶結びでのしをつけます。表書きは「祝御入学」「入学祝」「御入学御祝」とし、名前を書きます。

入園・入学祝をもらったら…

基本的にお返しの必要はなし。子どもから電話や手紙などで、直接お礼の挨拶をさせます。

人付き合いのマナー

お見舞い時のマナー

◇派手な服装は避ける

露出の激しい服装や派手なアクセサリー、歩くとコツコツと大きな音がする靴は×。香水をつけていくのもやめましょう。

◇事前に容態などを家族に確認

点滴や食事の時間は避け、体調を家族に確認してから見舞うようにします。病気に伏している姿を人に見せたくない人もいるので、いきなり訪れるのはタブー。直接会えない場合は、ご家族の方に渡します。

◇大人数で行かない

多くても3人くらいまでです。あまり大勢で行くと、病人が対応で疲れてしまいます。

◇あまり長居しない

病人の体調を考えて15～30分程度で切り上げます。

◇会話の内容に気を付ける

「病状について詳しくきくこと」「病人の前で家族をねぎらうこと」「安易な励まし」はしないように。

◇お見舞金の目安

友人や勤務先関係なら3～5千円程度、身内なら1万円程度が一般的です。水引は赤白の結び切り。白封筒でもOK。表書きは「御見舞」「祈御全快」など。

喜ばれる差し入れ

オレンジやピンク等の暖色系

♥ 花 ♥

♥ テレホンカード ♥

※容態による

オシャレ
××××情報
小説

♥ 本や雑誌 食べ物 ♥

タブーな差し入れ

"タブーな花"

・シクラメン（シ＝死、ク＝苦）
・椿（花が首から落ちる）
・菊（葬式のイメージ）
・ユリ（匂いが強い）
・あじさい（色あせる）
・鉢植え（根づく＝寝づく）

"消化の悪い食べ物"

!?
もち

使ってください!
社長

"肌着やくつ下など直接身につけるもの"
（目上の人に）

お見舞金をもらったら

「快気内祝」として、いただいた金額の半額から1/3程度の品をお返しします。退院後（床上げ後）10日以内に贈りましょう。「あとに残らない」という意味も込めて、消耗品を選びます。石けんや調味料、お菓子の詰め合わせが人気です。水引は赤白の蝶結びで、のしをつけます。表書きは「快気内祝」とし、名字のみを表記します。

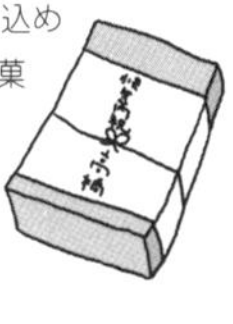

夫側の身内と上手に付き合う

結婚すると大切な家族が増えます。なかにはそれを煩わしいと思う人もいるかもしれません。しかし、愛する旦那さまのご家族です。出会えた縁を大事に、良好な関係を築いていきましょう。

お付き合いの心構え

＊相手の文化や価値観に合わせる

家や地域によって、生活スタイルや価値観、冠婚葬祭に関する風習は違います。最初は面食らうことも多いでしょうが、それはあなたの旦那さんも同じです。自分のやり方を主張するのはマナー違反。お互いに協力して、相手のスタイルを学びましょう。

＊相手を敬い、尊重する

「年長者」として相手を敬うことが大切です。あなたがしている苦労は、きっと義父母もしてきたはず。良き相談者になってくれるはずですから、力まず自分から心を開いて接しましょう。

＊自分の実家と同じ距離感で

結婚をして家庭を持つことは「実家から独立すること」だと自覚を持ちましょう。どうしても自分の実家の方を気にかけてしまいがちですが、相手のご両親とも同等に接することが大切です。帰省の回数、プレゼントの金額など偏りがないように注意。

帰省時のマナー

手土産

3千円前後を目安にお土産を購入します。自分の住む地域の名産、老舗の銘菓などが喜ばれます。親類が集まる場合は、そのぶんも一緒に買っていきます。

★手土産を渡すタイミング

アイスクリームや生鮮食品などの場合は玄関で「生ものなので、冷蔵庫（冷凍庫）へ」と言って差し出します。それ以外は、部屋に通され挨拶をしたあとに。紙袋から品物を出し、先に紙袋を軽くたたんだあと、品物の正面を相手に向けて「つまらないものですが…」「ささやかなものですが…」と伝えて渡します。

つまらないものですが…

★玄関先でのマナー

失礼します。

コート類を脱いでから、家に入るようにします。家に上がるときは「失礼します」と言い、玄関から入ったときの向きのまま靴を脱ぎます。その後、ひざをついて靴をそろえ、端っこの方に寄せましょう。スリッパをすすめられたら、遠慮せずに履きます。

帰るときは、歩いてきた向きのままスリッパを脱ぎ、いったん靴を履きます。その後、振り返ってスリッパの向きをそろえます。お礼を言い、「こちらにもぜひ遊びにきてください」と伝えましょう。

ありがとうございました！

部屋でのマナー

和室では敷居、畳のフチ、座布団を踏まないように。
座布団にはドカッと座らず、腰を落としてひざをつき、座布団の中央までひざで歩いて座ります。バッグは左脇に置きましょう。洋室の場合、バッグはイスの上に置いてOK。

飲み物のいただき方

案外知らない飲み物のいただき方。ここぞというときのためにしっかりマスター。

＊お茶＊

1、水滴が落ちないように、フタを「の」の字を描くように取る

2、取ったフタを茶托のフチにかける

3、利き手で湯飲みを持ち、湯飲みの底に反対の手を添えて飲む

4、湯飲みについた口紅は、飲むたびに指でそっと拭き取る

＊コーヒー、紅茶＊

1、角砂糖をいったんスプーンに移し、静かに入れる

2、クリームを静かに入れる

3、スプーンでよくかき混ぜ、しずくをよく切る

4、カップの向こう側にスプーンを置く

※ブラックで飲む場合はそのままどうぞ
※レモンティーの場合は、香りが紅茶に移ったらスプーンで取り出し、カップの向こう側に置く

お手伝いはするべき？

「気を遣わないで座っていて」と言ってくれたとしても、やはりお手伝いはした方がいいでしょう。エプロンを持参し、配膳や皿洗いを中心に手伝います。料理は、頼まれない限り手を出さない方が○。また、自分のやり方を押しつけることはせず、言われた通りにやった方が得策です。

長期お世話になったときは…

数日間お世話になった場合は、そのぶんの食費程度の金額を帰り際に渡します。受け取ってもらえない場合は、後日お礼の品と手紙を一緒に送ります。

どんなことを話せばいいの??

お嫁さんは、基本的に聞き役に回ることが多いと思いますが、それでもときには自分から話題を振っていくことも円滑なコミュニケーションには必要です。

たとえばこんな話題

旦那さまの子ども時代の話
義父母の子育て論
（子どもが生まれていたら）
義父母の昔の話

義父母の趣味の話
オススメの旅行先…など
※相手から話題を振られない限り自分の実家の話は避けた方が○

MEMO

旦那さまの身内と仲良くなることはとっても素晴らしいこと。でも元々は血縁関係のない間柄ですから「親しき中にも礼儀あり」の精神でお付き合いしましょう！

近隣と上手に付き合う

深いお付き合いをする必要はありませんが、その地域で気持ちよく暮らすためには、やはり最低限のマナーは守りたいものです。また災害時は、近所の方たちと助け合うことになるでしょうから、適度なコミュニケーションをしておくことは大切です。

お付き合いの心構え

＊地域のルールを守る

清掃当番など、その地域で決められている活動にはできる限り出席し、ゴミ出しのルールなどもきちんと守りましょう。地域の人みんなで住みやすい環境を作っていくという気持ちが大切です。

＊すすんで挨拶をする

ご近所の方に会ったら、かならず挨拶をします。ニコヤカに会釈をしながら挨拶をするだけで、人間関係はかなりスムーズになります。

＊うわさ話，悪口は絶対禁止

どんなことがあっても、うわさ話や悪口はいけません。相づちを打つのもダメ。まわりでそういう会話になっても、黙って受け流します。また、必要以上に相手のプライベートに首をつっこむのも止めておきましょう。

＊騒音に気を付ける

ペットの鳴き声や楽器の音のほか、集合住宅は足音、トイレや入浴時の配水管の音に注意が必要です。

☆引越の挨拶☆

その家（マンション）に引っ越して荷物が多少落ち着いたら、ご近所さんに挨拶をしにいきましょう。できれば当日、遅くとも翌日までに済ませるのがマナーです。500～1000円程度の品物（洗剤、石けん、タオル等）を渡します。
「引っ越してきました○○です。どうぞよろしくお願いします」程度の軽い挨拶で大丈夫。
一戸建ての場合は、両隣と向かいの3件、町会長の計6件。裏に家がある場合はそちらにも。マンションの場合は上と下、両隣の計4件。管理人や自治会長にも挨拶します。

子供やペットがいるとき

子どもがいるときは一緒にいきます。まだ子どもが小さい場合は「騒がしくてご迷惑をおかけすることがあるかと思いますが、そのときは遠慮なくおっしゃってください」とひと言添えて。
ペットを飼う場合は挨拶に一緒に連れて行く必要はありませんが、やはりその旨伝えておくと、後々何かあったときに対応しやすくなります。

苦情の申し出をしたいとき

まずは、ある程度のことは「おたがいさま」だと気を大きく持つこと。我慢できない場合は、直接苦情を言わず、管理人などを介して伝えてもらう方がスムーズなこともあります。また、騒音の苦情の場合は「すみません、病人が寝ているもので…」等、やんわり伝える方法もあります。どちらにしろ、冷静に、物腰柔らかく伝えるようにしましょう。
逆に苦情を言われたときは、相手も言うかどうかさんざん悩んだでしょうから、誠意をもって謝りましょう。子どもが迷惑をかけたときは、子どもからも謝罪するように。

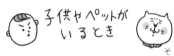

コラム3. 市販品を使ったおもてなしお菓子

来客があるけど、お金や時間はかけられない。かといって、市販のお菓子をそのまま出すのも味気ない…。そんなときは、市販のものにひと手間加えてワンランク上のお菓子に変身させちゃいましょう！

贅沢あんみつ

冷やした市販のあんみつをお皿に移しかえ、お好みでアイスクリーム、きな粉、黒みつ、ゆであずき、缶詰フルーツ等をトッピングすれば出来上がり。

マグカップケーキ（2人分）

ボウルにホットケーキミックス120g、牛乳100cc、砂糖大さじ2、粉末ココア大さじ2を入れ、ダマが残らないようによくかき混ぜる。大きめのマグカップに半量ずつ入れ、ラップをかけずにレンジで2～3分加熱。あたたかいうちにどうぞ。

緑茶のきな粉飴

ハチミツ150gを鍋に入れ沸騰させ、すり鉢で粉末にした緑茶10g、きな粉100gを加えよく混ぜる（お好みでナッツ類を入れても）。分量外のきな粉を打ち粉にして棒状に伸ばし、ひと口サイズにカット。たっぷりときな粉をまぶせば完成。

フルーツパフェ

コーンフレーク、アイスクリーム、ヨーグルト、ジャム、フルーツ、生クリームなど、好きなものを好きな順で背の高いグラスに重ねていくだけ。

ババロアのチョコ風味（2人分）

牛乳140cc、マシュマロ30g、粉末ココア小さじ1を鍋に入れ、泡立て器でかき混ぜながらマシュマロが溶けるまで弱火で加熱。このとき沸騰させないように注意。あとはお好みの器に入れて冷やし固めればOK。

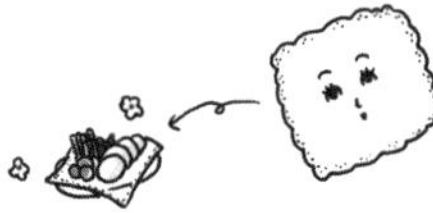

＊市販のお菓子をそのまま出すときも、お皿にかわいいペーパーナプキンを敷いたり、カゴに入れたりするだけで雰囲気が変わります。

4 家事のこと

料理の基本編

食材と保存の基本

いや〜、あっついな〜
ビールビール！
ふひ〜
ハイハイ
冷えてるよ！
フフン
ビール♫
フフ〜ン♫
ガチャ
ギャー
何だ!?
どうしたの？
プルプル
ん？
何、これ？
何、これ？
じゃねぇよ！
変なものを冷蔵庫に入れておくんじゃねぇ！
間違って手に取っちゃったよ！
汁
っていうか
これ…
原形は
なんだったの？
汁が出てるよ
うえ〜
俺が知るかよ！
お前、責任もって処理しろよ！
これ、たぶん
タマネギ
だな…
つんつん
アハハハハ
タマネギって
こんなふうに
なっちゃうん
だね！
キャ♡

さわやかな笑顔を振りまいてる暇あったら、
か・た・づ・け・ろ！
ギロリ
はーい
そもそもさ、なんで腐らせちゃうの？余分に買ってるんじゃない？
ぷ～ん
ほら働いてるから週末に買いだめするじゃない？それがどうも処理できてないようだ
ふうむ…
それだったら使うぶんだけ買えばいいじゃん
ようだ…って
そういうわけにもいかないんだよ！特売してたら主婦の血がさわいでまとめ買いしちゃうし
うおおおお
平日に食材がなくなっちゃうのはイヤだもん！
100円
ものすごくやすいデ!!
土日限り
週末SALE!!
いそげ～
玉子88円
※100パック限り
まぁ、その気持ちはわかるけど…なんとかならないの？
うーん
パソコン
生活知識
食材の保存方法
ほほぅ
そうやって保存すれば長持ちするわけだ
えらく熱心だな
ステキ主婦を目指してますもの
ウフフ…

この際、わからないこと全部聞いてくれれば？おまえはそれくらいしないと変わらない！
…
ついでに根性をたたき直してもらってこい！
は、…はい
後日…
ずぼらママの生活知恵袋
“ずぼらママの生活知恵袋”
管理人
ともすけさん
ともすけさん、お若い方だったんですね…
え、そう？うれし～
テレテレ
いろいろお詳しそうだったので、もっとお年を召しておられるかと…すみません
ははは。そっか、HP上だとそう見えるんだね
わたし、元々はずぼらなのよ
ええ!? そうなんですか？

どうにかラクに主婦業ができないかと思ってHPを立ちあげたの
えー、じゃあ面倒臭がり屋の私でも大丈夫ですかね？
玉ネギをくさらすような奴ですが…
もちろん！面倒臭がり屋の人の方が、要領良かったりするしね！
面倒臭がり屋代表
じゃあ、さっそくお願いします！
うおー!!
まず食材の保存の仕方についてなんだけど…いくら保存方法がよくっても食材そのものが悪かったら意味がないでしょ。だから「いい食材」を見分けることも大事よ
いい食材!? あー、一応同じ値段がついていたら、より大きい方を選びますけど…
……
大根 98円
重さ測定中
「大きい」＝「良い」わけじゃないのよ。食材によって見るポイントがあるの
テレテレ
だから、次のページから 1、いい食材の見分け方 2、通常保存 3、冷凍保存 4、下ごしらえ、ワンポイント
の4つにわけて表にしてみたから参考にしてみて
1.いい食材の見分け方
2.通常保存
3.冷凍保存
4.下ごしらえ.ワンポイント

冷凍保存のコツ

ちょっとしたひと工夫を加えれば、
おいしく冷凍保存ができるんです

コツ1. すぐに食べないものは即冷凍保存!

新鮮なものを、できるだけ早く凍らせることが冷凍保存の基本中の基本。食材は平たく、伸ばして冷凍するようにしましょう。アルミトレイを使えば、冷凍時間を短縮できます。

コツ2. 水分と空気を徹底的に排除!

水分がついたまま凍らせると霜がつき、食材が乾燥してしまいます。また、空気に触れると傷みが早くなります。ペーパータオルでしっかりと水気を拭き、ラップはピッタリと。ストローで保存袋の空気を抜けば完璧。

コツ3. 日付を書いて食べ忘れ防止!!

アレもコレも冷凍しているうちに、いつ冷凍したものか分からなくなった…なんてことにならないよう、「この日までに使い切る」という目安の日付を書いておきましょう。

コツ4. 立てて収納すればスッキリ

ブックエンドやカゴを使い、立てて収納すれば、どこに何があるのかひと目でわかります。肉類は肉類、野菜類は野菜類…と食材ごとにまとめて収納しておけば、さらに便利。

コツ5. できるだけ早く使い切る!

冷凍保存したからといって、ずっとおいしさが保たれるというわけではありません。本文中、特に保存期間の目安が書いていないものについては、肉や魚は2〜3週間、野菜類は生のまま冷凍したものは2週間、加熱して冷凍したものは1ヶ月を目安に使いきって。

あると便利な冷凍保存グッズ

冷凍保存の基本グッズ。においが移りやすいものや、霜がおりやすい（水分の多い）食材は、ラップをしたうえで保存袋や容器に入れるようにしましょう。

作りおきしたダシやミートソース、煮汁、スープ類など汁物を冷凍するのに便利。「使いたいぶんだけを」「凍ったまま」使える点もグッド。

食材を新鮮なまま冷凍保存するには、短時間で凍らせることが大事。熱伝導に優れたアルミトレイに食材を乗せて急速冷凍しましょう。アルミホイルで代用可。

※本文中、「密封保存袋」は「保存袋」と表記しています。これに対し、密封機能がない袋は「ビニール袋」としています。

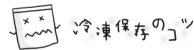

いい食材の見分け方
目が澄んでいて、弾力性があるもの

通常保存
買った当日に使わない場合は、内臓とエラを取って流水で洗い水気をよく拭き取る。ラップに包み冷蔵保存

冷凍保存
内臓とエラを取って塩をすり込む。水気を拭き取ったものをラップに包み保存袋に入れて冷凍。加熱後の冷凍は、骨や皮を除いて身だけで。約３週間。解凍は冷蔵庫で

下ごしらえワンポイント
小さな魚は、そのまま調理。アジ・鯛など内臓量の多い魚は、内臓とエラを取って流水で洗い、水気を拭き取る。塩をふって 15 分くらいおく

通常保存
切り身の多くは一度冷凍したものを解凍して売っているため、再冷凍は避け、できるだけ早く食べ切る

冷凍保存
よく水気を拭き取って１切ずつラップに包み、保存袋に入れて冷凍。約３週間。冷蔵庫で解凍するか、凍ったまま調理。マグロは色が変わりやすいのでしょうゆ漬けがオススメ

いい食材の見分け方
（白身）透明感のあるもの。パックの中に血や水が溜まっていないもの
（赤身）色に深みがあるもの。サクの場合は筋が平行なもの
（青魚）ハリと弾力があり、目が澄んでいるもの

下ごしらえワンポイント
一度サッと水洗いし、水気をよく拭き取る。皮をはがしたいときは、一度冷凍したあと解凍すると簡単

いい食材の見分け方
身にツヤがあり、透明感があるもの。全体に丸みがあるもの。水分（分離水）が出ていないもの

あまり焼きすぎると身が固くなってしまうので注意。皮を7、身を3の割合で焼くのがベスト!

冷凍保存
１枚ずつラップに包み、保存袋に入れて冷凍。凍ったまま焼いて OK。約２週間

通常保存
脂が酸化しやすいので買ったその日に食べるのがベスト。１～２日であれば冷蔵庫で保存

生エビ

いい食材の見分け方
透明感があって、頭と尾のつけ根がしっかりしているもの

通常保存
買った当日に使わない場合は、冷凍保存をする

冷凍保存
背わたを取り、水分を拭き取ったものをラップに包み、保存袋に入れて冷凍。約1ヶ月。解凍は冷蔵庫で

下ごしらえワンポイント
（背わたの取り方）水洗いをしてから背を丸め、つまようじを刺して黒っぽい筋を抜く。片栗粉をまぶしてから水洗いすると冷凍臭さやぬめりが取れる

生イカ

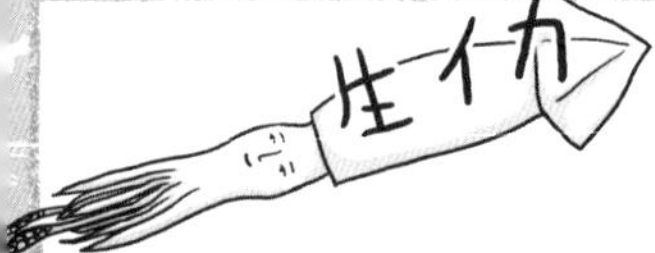

いい食材の見分け方
透明感・ツヤがあるもの。触れる場合は吸盤の吸いつきが良いもの

通常保存
買った当日に使わない場合は、冷凍保存をする

冷凍保存
酒を少々ふり、使いやすい大きさにカットして冷凍。約2週間。解凍は冷蔵庫で

下ごしらえワンポイント
足をゆっくり引き抜き、胴体部分と分ける。つぶさないようわたを取り除き、軟骨も取る。エンペラ（三角部分）から皮をはがしていく。足近くにある目の部分を取り除く。軍手をすると皮をはぐのが簡単

生だこ

いい食材の見分け方
表皮は茶色く、ツヤがあるもの。触れる場合は吸盤の吸いつきが良いもの。ゆでだこは弾力があるもの

通常保存
買った当日に使わない場合は、冷凍保存をする

冷凍保存
酒を少々ふり、使いやすい大きさにカットして冷凍。約2週間。解凍は冷蔵庫で

下ごしらえワンポイント
頭（胴）をひっくり返し、つぶさないようにスミ袋と内臓を取り出す。塩をたっぷりと振りよくもんでぬめりを取る。泡立ってきたら水洗いをしてまた塩もみ。これを繰り返す。その後、流水で塩をよく洗い落とす

簡単レシピ「たこキムチ」（2人分）

材料
たこ　50g
きゅうり　1/2本
白菜キムチ　50g

作り方
すべて合わせて混ぜるだけ!!

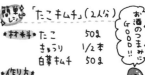

いい食材の見分け方 身が透き通っていて、ふっくらしているもの。フチの黒い部分が鮮やかなもの

通常保存 水洗いせず、5℃以下で保存。できるだけ早く食べる

下ごしらえワンポイント 流水で１粒ずつ丁寧に洗う。生で食べる場合は大根おろしをまぶし、ぬめりや汚れをよく落とす

冷凍保存 殻付きのものは、殻からはずす。むき身を洗い水気をよく拭き取って、ひとつずつ冷凍保存。約２週間。凍ったまま調理するか、冷蔵庫で解凍

いい食材の見分け方 （あさり）殻付きのものは模様がハッキリしていて、口が開いていないもの。むき身はツヤとハリがあるもの
（しじみ）殻の色が濃く、大きめのもの

通常保存 砂抜きしたものを密閉容器に入れれば、冷蔵でも２～３日もつ

冷凍保存 殻付きのものは砂抜きをして、よく水気を拭き取ってから保存袋に入れて冷凍。約３週間。凍ったままの調理が基本

下ごしらえワンポイント （砂抜き）水１カップに対し塩小さじ１を入れ、砂抜きを行う。冷蔵庫には入れず、暗い場所でフタをして。砂抜き後は流水でこすり洗い

いい食材の見分け方 ハリとツヤがあって、水が出ていないもの

冷凍保存 つぶれないようカップに小分けし冷凍。約1ヶ月。解凍は冷蔵庫で

通常保存 買った当日に使わない場合は、冷凍保存をする

下ごしらえワンポイント 塩やしょうゆに漬ければ、冷蔵でも 10 日ほどもつ

いい食材の見分け方 透明感があり身がくずれていないもの、薄皮がキレイについているもの

通常保存 冷蔵庫で保存

冷凍保存 調理済みで汁気がある場合は、汁ごと冷凍。塩抜きのものは１切ずつラップで包み冷凍。約3ヶ月。自然解凍

下ごしらえワンポイント （塩抜き）塩水（水１リットルに対し塩小さじ１）に、かずのこを入れる。３～４時間したら新しい塩水につけ直す。これを３回繰り返す。就寝中を利用するときは６～８時間つけておいても可。薄皮をはぐときは指でこするようにして

しらす

いい食材の見分け方 白く透き通っているもの。小さいものほど良い

通常保存 2～3日で生臭くなるので早く食べ切るか、すぐに冷凍保存

冷凍保存 熱湯をかけ塩抜きをし、水分を拭き取ってから密閉容器に入れて。約1ヶ月。自然解凍か、凍ったまま調理

たらこ

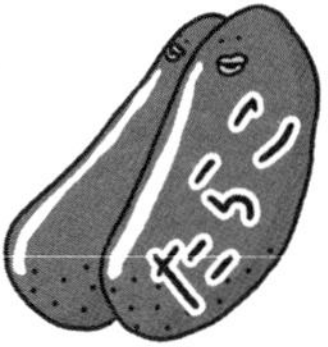

いい食材の見分け方 透明感があって、膜が薄く身がくずれていないもの

冷凍保存 ひとつずつラップに包み冷凍。約2ヶ月。解凍は冷蔵庫で

通常保存 そのまま冷蔵庫へ。できるだけ早く食べ切る

下ごしらえワンポイント 生たらこは冷水に30分ほどつけて生臭さやぬめりを取る

うなぎの蒲焼き

いい食材の見分け方 身が厚くふっくらしており、両サイドが巻き込んでいないもの

通常保存 冷蔵庫で保存

あまったうなぎのタレは、煮魚のタレにできます! そのまま使うかしょうゆやみりんなどを加え味を調整して。

冷凍保存 切らずにラップに包み冷凍。約3ヶ月。レンジで温め直す。1～2ｃｍに切って冷凍したものは凍ったまま調理するか、自然解凍して和え物に

練り製品

通常保存 冷蔵庫で保存。開封したものは翌日には食べ切る

冷凍保存 使いやすい大きさにカットし凍ったまま調理。約1ヶ月。自然解凍してサラダなどに

下ごしらえワンポイント かまぼこは冷凍すると食感が変わる。かにかまは、ほぐして冷凍しておくとすぐ使えて便利

簡単レシピ「マヨチクワ」(2人分)

材料
- チクワ 3本
- マヨネーズ 大さじ1程度
- ごま油 小さじ1

作り方 ごま油でチクワを炒め、マヨネーズをからめるだけ。

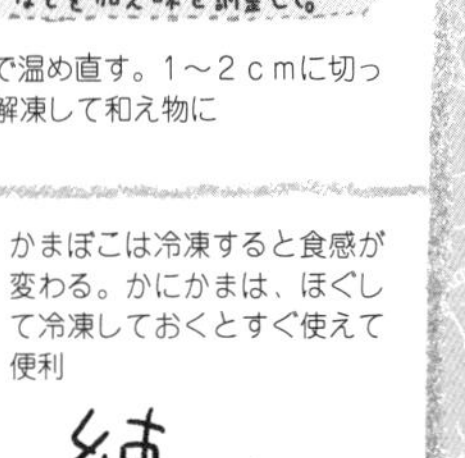

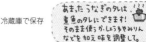

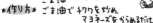

肉類

いい食材の見分け方
（牛）鮮やかな赤色で、脂肪が乳白色のもの。肉汁が出ていないもの
（豚）表面がなめらかで淡いピンク色のもの。脂肪が白いもの。肉汁が出ていないもの
（鶏）表面にツヤがあり、透明感のあるもの。肉汁が出ていないもの

うす切り肉

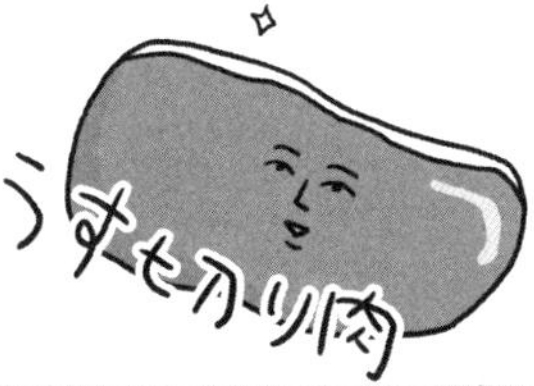

通常保存
1～2日で使い切る

冷凍保存
1、2枚ずつラップに包む。牛肉は酸化しやすいので、できればサラダ油を少し塗ってから。下味をつけて冷凍も可。約2週間。ゆでたものであれば約1ヶ月もつ

厚切り肉

通常保存
牛は3～4日、豚は2～3日以内に使い切る。鶏肉は傷みやすいので、購入日の翌日までに調理

冷凍保存
1切ずつラップに包む。下味、衣をつけて冷凍すると調理が早い。約2週間。冷蔵庫で解凍

かたまり肉

通常保存
牛は3～4日、豚は2～3日以内に使い切る。鶏肉は傷みやすいので、購入日の翌日までに調理

冷凍保存
ねぎの青い部分・しょうがと一緒にゆで、冷めたらゆで汁ごと冷凍。約2週間。使う前日から冷蔵庫で解凍

下ごしらえワンポイント
角煮、チャーシューや唐揚げにして冷凍しても

ひき肉

通常保存
空気に触れる面が多いので傷みやすい。買った日に使い切るか、すぐに冷凍保存

冷凍保存
そのまま冷凍するか、用途別（そぼろ、ハンバーグだね、ぎょうざだねなど）に下ごしらえしたものを冷凍。薄く広げ、菜ばしなどで軽く線を入れておくと、使う分だけパキッと折れて便利。約2週間。冷蔵庫で解凍

レバー

いい食材の見分け方　色が鮮やかで、みずみずしさと弾力のあるもの

通常保存　購入日に食べない場合は、冷凍保存

冷凍保存　ゆでたものを水気を拭き取り冷凍。約２週間。冷蔵庫で解凍

下ごしらえワンポイント　（血抜き）豚や鶏はたっぷりの冷水に、牛は牛乳に10分ほどつける

手羽先

いい食材の見分け方　ピンク色で皮のポツポツがはっきりしているもの

通常保存　買った日に使い切るか、すぐに冷凍保存

冷凍保存　そのまま冷凍するか、ゆでてゆで汁ごと冷凍。約２週間。冷蔵庫で解凍。煮込み料理は凍ったままでも

簡単レシピ「居酒屋風手羽先」

材料

手羽先	10本
しょうゆ	大さじ2
みりん	大さじ2
塩・コショウ・ゴマ	お好み

作り方

1. 鍋にしょうゆとみりんを入れ、沸とうしたら火を止める。
2. 手羽先を低温(150〜160℃)でじっくり素揚げする。
3. 揚げた手羽先を1にからめる。お好みで塩、コショウ、ゴマをかけて。

加工品

通常保存　すぐに使わないものは、冷凍保存

冷凍保存　ベーコンは１枚ずつラップに包む。1〜３ｃｍにカットしても。ウインナーは買ったときの袋ごと冷凍も可能だが、用途に合わせて切っておくと調理の際に便利。約２週間

簡単レシピ「ベーコンスープ」(2人分)

材料

水	2カップ
ベーコン	100g
キャベツ	葉3枚
固形コンソメ	1個
塩・コショウ	適量

作り方

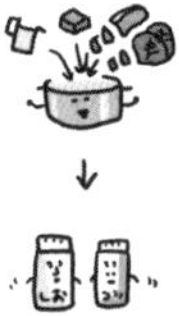

鍋に水、コンソメ、適当に切ったベーコンとキャベツを入れて、キャベツがしんなりするまで煮込む。最後に塩・コショウで味をととのえる。

青菜

いい食材の見分け方 葉の色が濃く、葉先までピンと張っているもの。茎が長いものは、成長しすぎている証拠

通常保存 濡れたペーパータオルで根元をくるみ、全体をラップで包む。冷蔵庫に立てて保存

冷凍保存 軽く塩ゆでしてから冷水にとる。水気を絞り、使いやすい大きさに切って冷凍。自然解凍をして和え物に、凍ったまま汁物や炒め物に

あさつき&万能ねぎ

いい食材の見分け方 白い部分がかたくしまって、緑色の部分がシャキッとしているもの

通常保存 立てて冷蔵庫に保存。泥付きのものは新聞紙に包んで日陰に立てておく

冷凍保存 0.5～１ｃｍに切り水気を拭き取って冷凍。密閉容器に入れ、使いたい分をスプーンですくって

アスパラガス

いい食材の見分け方 穂先がかたくしまって、太さと色が均一なもの

通常保存 ラップに包み冷蔵庫で立てて保存

冷凍保存 適当な大きさに切り、塩ゆでして冷凍。凍ったまま調理

インゲン

最近は「筋なしインゲン」も多い。両端を折ってみて筋がないようなら、取らなくてもOK。

いい食材の見分け方 細く先端までシャキッとしているもの

通常保存 ビニール袋に入れ冷蔵庫で保存

冷凍保存 筋を取り、塩ゆでしたものを冷水にとって冷凍。凍ったまま調理するか、自然解凍して和え物などに

枝豆

いい食材の見分け方 うぶ毛がついて、サヤがふくらんでいるもの

通常保存 枝からはずし、ビニール袋に入れ冷蔵庫で保存

冷凍保存 かためにゆでて水気を拭き取り、ビニール袋に入れて冷凍。流水にあてるか、自然解凍

オクラ

いい食材の見分け方 緑色が濃く、うぶ毛がたくさん生えているもの

通常保存 冷蔵庫で保存

冷凍保存 塩をまぶしてうぶ毛をこすり落とし、ヘタを切ったものをゆでて冷凍。凍ったまま炒め物に、自然解凍して和え物に

カイワレ

いい食材の見分け方 鮮やかな緑色で軸がみずみずしいもの

冷凍保存 冷凍保存には不向き

通常保存 根をつけたまま、立てて冷蔵庫に保存。スポンジが乾いたら水をやる

かぶ&大根

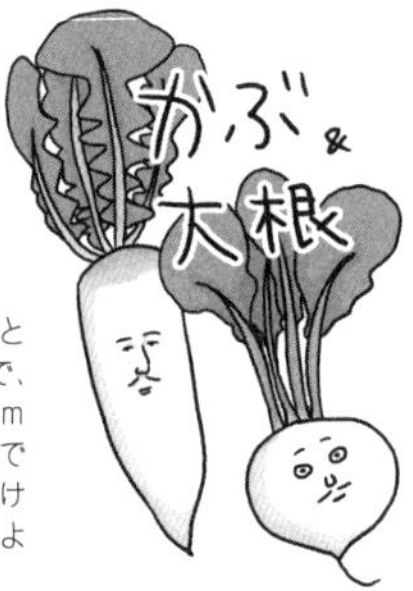

いい食材の見分け方 重みがあって、葉が鮮やかな緑色のもの。表面が白くなめらかで、ハリがあるもの。葉が黄色いもの、新しい葉が出ているものは古い

通常保存 葉がついていると早くしなびるので、茎を２～３ｃｍ残してカット。新聞紙に包んで冷蔵庫に立てて保管。使いかけのものは切り口が乾燥しないようしっかりとラップをかける

冷凍保存 イチョウ切りや千切りにしたあと、水気をよく拭き取って生のままで冷凍。凍ったまま味噌汁や煮物に。大根おろしは水気をよく切り１回分ずつをラップに包み冷凍。自然解凍

下ごしらえワンポイント 葉はよく洗い、１～２ｃｍにカット。水気を拭き取り冷凍保存袋に入れて冷凍。凍ったまま調理

かぼちゃ

いい食材の見分け方 皮が濃い緑色で重いもの。表面を叩くとコツコツ音がしてかたいもの。カットしてあるものは、中の黄色がキレイで厚みがあり、種がギッシリと詰まっているもの

通常保存 まるごとの場合は風通しのいい冷暗所で１～2ヶ月保存可能。カットしたものは種とワタを取り除きラップに包んで冷蔵庫で保存

冷凍保存 生の場合は薄くスライス。ひと口大に切ったものはゆでて冷凍。調理済みのものも冷凍可。どれも自然解凍

下ごしらえワンポイント 皮をむきたいときは、電子レンジで１～2分加熱すると簡単にできる。種とワタはスプーンなどでしっかりと取り除く

カリフラワー&ブロッコリー

いい食材の見分け方
ブロッコリーは緑が濃いもの、カリフラワーは色白なもの。切り口がみずみずしく、穂先がかたくしまっているもの

冷凍保存
適当な大きさに切り、生のままか、塩ゆでして冷凍。そのまま調理するか、自然解凍

通常保存
ビニール袋に入れ、切り口を下にして冷蔵庫で保存

下ごしらえワンポイント
茎は甘く、栄養はつぼみ以上。スープやサラダに

きのこ類

いい食材の見分け方
しめじやエノキは根元が茶色っぽくないもの。しいたけはカサが開いていなくて肉厚なもの、軸が太くて短いもの

冷凍保存
イシヅキや根元を取り除き、適当な束に分ければ、生のままでも、ゆでてからでも冷凍OK。凍ったまま調理。なめこは袋のまま冷凍し、自然解凍

通常保存
ビニール袋に入れ冷蔵庫で保存

下ごしらえワンポイント
サッと水洗い。なめこも同様

キャベツ

いい食材の見分け方
外側の葉が濃い緑色のもの。みずみずしく重いもの。切り口が黒ずんでいるものは避ける

冷凍保存
適当な大きさに切り、ゆでて冷凍。凍ったままスープに入れたり、自然解凍してサラダなどに

通常保存
ラップや新聞紙に包み、冷蔵庫で保存。芯をくり抜き、濡らしたペーパータオルを詰めておけば長持ち

下ごしらえワンポイント
芯に近い部分ほどビタミンCが豊富。細かく切って利用して

きゅうり

いい食材の見分け方
表面のイボがボツボツしていて、ハリのあるもの。チクチクしているものほど良い。曲がっていても味に違いはない

冷凍保存
冷凍したい場合はすりおろして。塩を振って水気を抜いてからでもOK。自然解凍か、凍ったままスープに入れて

通常保存
表面の水気をしっかりと拭き取りビニール袋に入れる。冷蔵庫で、できれば立てて保存

ゴーヤ

いい食材の見分け方 イボが多く、濃い緑色でかたいもの

通常保存 新聞紙にくるんで冷蔵庫で保存。使いかけは種を取りラップに包んで保存

冷凍保存 わたを取り、小口切りにしたものを保存袋に入れ冷凍。凍ったまま調理可

ごぼう

いい食材の見分け方 茎がかたく、切り口にスが入っていないもの。太すぎないもの

通常保存 泥付きは新聞紙にくるんで直射日光をさけた常温で保存。洗ってあるごぼうはビニール袋に入れて冷蔵庫で保存

冷凍保存 ささがきにしながら酢水に浸しアク抜きしたものを１分間ゆで冷凍。凍ったまま調理可

下ごしらえワンポイント 切ったそばから酢水（水２カップに対し、酢を小さじ１）にさらす。15分程度

さつまいも

いい食材の見分け方 表面がなめらかで光沢があり、重いもの。皮がはげておらず、ひげ根を処理した跡が小さいもの

通常保存 春から秋は常温でOK。寒さに弱いので、冬は新聞紙にくるむ。使いかけのものは、ラップで包み冷蔵庫で保存

冷凍保存 １ｃｍの輪切りにしてゆで、水気を拭き取り冷凍。凍ったまま煮物などに。調味後のものは汁ごと冷凍し、使うときは自然解凍で

さといも

いい食材の見分け方 大きく、かたいもの

通常保存 表面を乾かしたあと、カゴに入れるか新聞紙に包み、冷暗所に保存

冷凍保存 ゆでるかレンジで加熱したあと、皮をつけたまま冷凍。レンジで解凍すれば皮むきが楽チン

さやえんどう

いい食材の見分け方 薄く、豆がふくらんでいないもの

通常保存 ビニール袋に入れ冷蔵庫で保存

冷凍保存 筋を取り、塩ゆでしたものを冷水にとって冷凍。凍ったまま調理するか、自然解凍して料理の彩りに

ししとう

いい食材の見分け方　ヘタの切り口がみずみずしく、ハリがあるもの

通常保存　ビニール袋に入れ冷蔵庫で保存

冷凍保存　冷凍保存には不向き

しそ

いい食材の見分け方　みずみずしく、葉先までシャキっとしているもの

冷凍保存　刻んで冷凍。自然解凍

通常保存　濡れたペーパータオルで根元をくるみ、全体にラップをする。冷蔵庫に立てて保存

じゃがいも

いい食材の見分け方　表面がなめらかでハリがあり、傷のないもの。芽が出ていないものほど新鮮

通常保存　風通しのいい冷暗所で保存。使いかけのものは、ラップで包み冷蔵庫で保存

冷凍保存　ゆでたあと、すりつぶして冷凍。すりつぶさなかったり、生のままで冷凍すると、含まれる水分が凍ってスカスカに。自然解凍してコロッケやポテトサラダなどに

春菊

いい食材の見分け方　濃い緑色で葉先までシャキっとしているもの

通常保存　濡らした新聞紙で包み冷蔵庫で保存

冷凍保存　かためにゆでてよく絞り水気を取る。小分けにしてラップで包み、保存袋に入れて冷凍

しょうが

いい食材の見分け方　かたくてふっくらしたもの。傷がないもの。新ショウガは白く、茎のつけ根が赤いもの

通常保存　皮を乾かしてからラップで包んで冷蔵庫で保存

冷凍保存　薄切り、千切り、すり下ろすなど用途に合わせて下ごしらえ。すり下ろしたものは、細い棒状にしてラップに包んで冷凍しておくと、折って使えて便利。自然解凍で。薄切りなどは凍ったまま調理しても

ズッキーニ

いい食材の見分け方 濃い緑色で太さが均一なもの。弾力があるもの

通常保存 ビニール袋に入れ冷蔵庫で保存

冷凍保存 薄切りにし、かためにゆでてから、ラップに包んで冷凍

セロリ

いい食材の見分け方 肉厚で青々としていて、葉がみずみずしいもの

通常保存 水をはったコップなどに差し、日陰で保存

冷凍保存 筋を取り１～２ｃｍにカットして冷凍。煮る場合は凍ったまま、その他は自然解凍

たけのこ

いい食材の見分け方 皮に色ツヤがあり、太くズッシリと重みがあるもの。穂先が緑のものほど古い

通常保存 買ったらすぐにゆでる。密閉容器に入れ、水に浸し冷蔵庫で保存。毎日水をかえれば１週間程度もつ

冷凍保存 ゆでたたけのこをみじん切り、千切りにして冷凍。自然解凍

下ごしらえワンポイント 皮を2、3枚はぎ、縦に１本深く切り目を入れる。アクを取るため、米ぬかを入れてゆでる（米ぬかがない場合は米のとぎ汁で）。約40～50分でゆであがる。根元部分を竹串でさしてやわらかかったらOK。湯は捨てずにそのまま自然に冷やし皮をむく

たまねぎ

いい食材の見分け方 皮が乾いていて、傷がないもの。芽が出かかっているもの、触ってフカフカしているものは避ける

通常保存 風通しのいい冷暗所で保存。皮をむき保存袋に入れれば冷蔵庫でも。新たまねぎは冷蔵庫に。使いかけのものは、切り口が乾燥しないようラップをして保存

冷凍保存 生の場合は１～２ｍｍにスライスして冷凍。水にはさらさないように。みじん切りしたものは炒めて冷凍。薄く伸ばして冷凍すれば、使いたい量だけ折って使える。凍ったまま調理可

チンゲン菜

いい食材の見分け方 肉厚で青々としているもの

通常保存 新聞紙に包み冷蔵庫で保存

冷凍保存 かためにゆでてよく水気を拭き取る。１回分ずつラップに包んで保存。凍ったまま調理可

いい食材の見分け方　ひげが多く、ふさふさしているもの。皮は鮮やかな緑色で、ひげは茶褐色のもの。実がぎっしりと詰まっていて弾力があるもの

通常保存　皮付きのままラップで包み、立てて冷蔵庫へ。買った翌日までに使い切る

冷凍保存　かためにゆでて粒をはずし、保存袋に入れて冷凍。凍ったままで調理可

いい食材の見分け方　ヘタが緑色でピンとハリがあるもの。色が全体的に赤く丸いもの

通常保存　ビニール袋に入れ冷蔵庫で保存

冷凍保存　まるごと冷凍可能。ヘタを取ってラップでしっかり包む。半解凍してソースに。ザク切りで冷凍した場合は、そのままスープの具などに

下ごしらえワンポイント　凍ったまま熱湯にくぐらすと簡単に湯むきができる。冷凍せず湯むきしたい場合は、トマトにフォークをさして、ガスコンロで直接あぶる。皮がはじけたら流水にあてて皮をむく

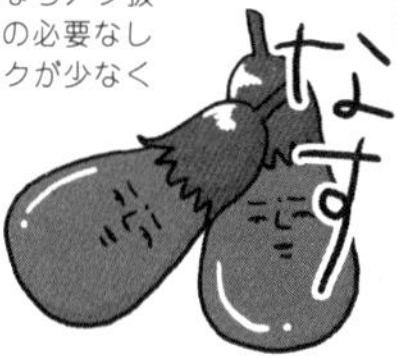

いい食材の見分け方　ヘタにあるトゲが鋭く、切り口がみずみずしいもの。光沢があり、色が鮮やかなもの

下ごしらえワンポイント　切ってすぐ使うならアク抜きの必要なし（最近のナスはアクが少なくなっている）

通常保存　新聞紙にくるんで冷蔵庫に保存。ラップで包むと汗をかいてしまうので注意

冷凍保存　焼いてから皮をむき、使いやすい大きさにカットしてから水分を切って冷凍。煮物は凍ったまま、和え物は自然解凍

いい食材の見分け方　葉が濃い緑色で厚いもの。葉先がシャキッとしているもの

通常保存　新聞紙にくるみ、冷蔵庫に立てて保存

冷凍保存　水洗いをしたあと、しっかりと水気を拭き3～4ｃｍにカットして冷凍。凍ったままスープや炒め物に

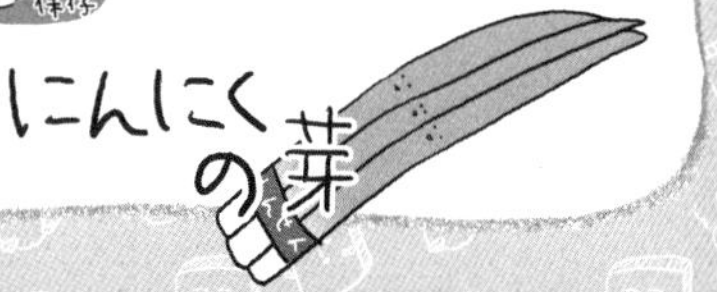

いい食材の見分け方　ハリがあってみずみずしいもの

冷凍保存　用途に合わせて切ったものをゆで、保存袋に入れて冷凍。凍ったまま調理

通常保存　ビニール袋に入れ、冷蔵庫で保存

にんじん

いい食材の見分け方 全体の赤みが強く、表面がなめらかなもの。茎の生え際部分の直径が小さいもの。直径が大きいものは育ちが悪く甘みが少ない

通常保存 風通しのいい冷暗所で保存。使いかけのものは全体の水分を拭き、切り口が乾燥しないようラップをして保存

冷凍保存 生の場合は1mmの薄切りに。自然解凍してサラダなどに。厚目に切ったものはかためにゆでて冷凍。煮物は凍ったまま、炒め物は自然解凍して水気を拭く

にんにく

いい食材の見分け方 かたくて切り口がしまっているもの。白く大きいもの

通常保存 新聞紙にくるんで冷蔵庫で保存

冷凍保存 薄切り、千切り、すり下ろすなど用途に合わせて下ごしらえ。すり下ろしたものは、細い棒状にしてラップに包んで冷凍しておくと、折って使えて便利。自然解凍で。薄切りなどは凍ったまま調理しても

下ごしらえワンポイント 切ってから油漬けやしょうゆ漬けにしておくと便利なうえにもちも良い

長ねぎ

いい食材の見分け方 白い部分がかたくしまり、緑色の部分がシャキッとしているもの

通常保存 立てて冷蔵庫に保存。泥付きのものは新聞紙に包んで日陰に立てておく

冷凍保存 小口切りや斜め切りなど用途に合わせてカットし冷凍。凍ったまま汁物や炒め物、煮物などに

白菜

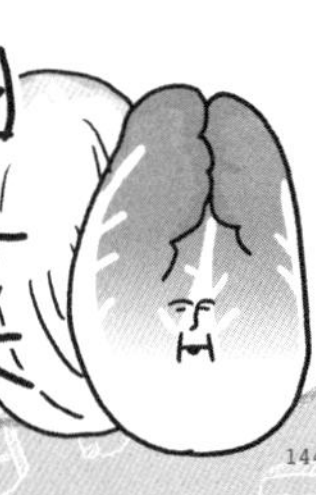

いい食材の見分け方 重く、葉先が巻いているもの。カットしてあるものは葉の密度が高いもの

通常保存 まるごとの場合は新聞紙に包み、風通しのいい冷暗所に。カットしたものはラップに包んで冷蔵庫で保存

冷凍保存 食感は変わるが冷凍可能。ザク切りにし塩もみするか、かための塩ゆでにして冷凍。凍ったまま調理

パセリ

いい食材の見分け方 みずみずしく、茎がしっかりしているもの。葉が多いもの

通常保存 水をはったコップなどに差して、日陰で保存

冷凍保存 みじん切りしたものを小分けして冷凍。凍ったまま調理

生ハーブ類

いい食材の見分け方 葉や花がやわらかいもの

通常保存 濡らしたペーパータオルで根元を包み、密閉容器に入れて冷蔵庫へ

冷凍保存 小分けにしてラップに包み、保存袋に入れて冷凍。凍ったまま調理可

ピーマン・パプリカ

いい食材の見分け方 色が濃く、ツヤがあるもの。ヘタがみずみずしいもの

通常保存 穴をあけたビニール袋に入れ、冷蔵庫で保存

冷凍保存 １ｃｍ以下にカットしたものを油でさっと炒めて冷凍。水分が出るので調味は避ける。凍ったまま調理

セロリ

いい食材の見分け方 根元の茎が多く、葉がしおれていないもの

通常保存 ビニール袋に入れ、冷蔵庫で保存

冷凍保存 冷凍保存には不向き

三つ葉

いい食材の見分け方 みずみずしく、茎がしっかりしているもの

通常保存 ビニール袋に入れ、冷蔵庫で保存

冷凍保存 用途に合わせて切り、ビニール袋に入れて冷凍

もやし

いい食材の見分け方 茎がシャキッとしてみずみずしいもの。根が茶色に変色しているものは避ける

通常保存 そのまま冷蔵庫で保存。水に浸し冷蔵保存すれば、やや長持ち

冷凍保存 サラダ油かゴマ油でさっと炒めてから冷凍。水分が出るので調味は避ける。凍ったまま調理

モロヘイヤ

いい食材の見分け方
みずみずしく、茎がしっかりしているもの

通常保存
ビニール袋に入れ、冷蔵庫で保存

冷凍保存
軽くゆで水気を絞り、適当な大きさに切って冷凍

やまいも

いい食材の見分け方
ヒゲ根が少なく、皮が薄いもの

通常保存
新聞紙に包んで、冷蔵保存。使いかけのものは、ラップで包み冷蔵庫で保存

冷凍保存
皮をむいてすり下ろし2、3滴酢を混ぜる。保存袋に平らになるように入れて冷凍。袋ごと流水で解凍

レタス

いい食材の見分け方
重みがあって、丸いもの。芯の切り口がみずみずしく、白いもの

通常保存
軽く湿らせた新聞紙に包み、冷蔵庫で保存

冷凍保存
ゆでれば冷凍可能。凍ったままスープなどに

れんこん

いい食材の見分け方
肉厚で、穴の中が黒ずんでいないもの。穴の大きさがそろっているもの

通常保存
風通しのいい冷暗所で保存。使いかけのものは、ラップに包み冷蔵庫で保存

冷凍保存
用途に合わせて切り、酢水で5分ほどゆでてから冷凍。凍ったまま煮物などに

下ごしらえワンポイント
切ったそばから水にさらす。15分程度。白く仕上げたいときは酢水でさっとゆでる

水カップ2に対し、酢は小さじ1杯の割合

ゆず　レモン　すだち

いい食材の見分け方
皮がつるつるしているもの

通常保存
ラップで包み冷蔵庫で保存

冷凍保存
丸ごとラップで包む。または果汁、皮に分け冷凍

アボカド

いい食材の見分け方 弾力性があって、やや黒みがかったもの

通常保存 皮が緑色のものは常温で保存。熟したものは冷蔵庫に。使いかけのものは切り口にレモン汁を塗りラップで包んで冷蔵庫で保存

冷凍保存 半分に切って種を取り出す。ラップで包み、保存袋に入れて冷凍

下ごしらえワンポイント 皮をむいたあとにレモン汁を塗ると茶色くなるのを防げる

いちご

いい食材の見分け方 実は濃い赤色でつやがあり、ヘタは濃い緑色のもの

通常保存 冷蔵庫で保存し、食べる直前に水洗い

冷凍保存 ヘタを取って、そのまま冷凍

下ごしらえワンポイント ヘタをつけたまま水洗いすると水っぽくならない

かんきつ類

いい食材の見分け方 色が鮮やかでハリがあるもの。重いもの

冷凍保存 皮をむき、適当な大きさに切って冷凍

通常保存 冷暗所で保存。食べかけはラップで包み冷蔵庫で保存

キウイ

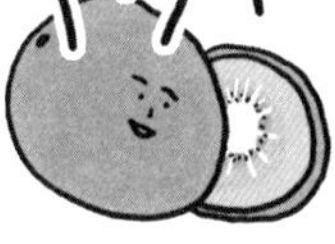

いい食材の見分け方 うぶ毛がまんべんなくあって、傷がないもの

冷凍保存 皮をむき、適当な大きさに切って冷凍

通常保存 やわらかくなるまで常温で保存

下ごしらえワンポイント 未熟なものは、りんごと一緒に置いておくと熟す

さくらんぼ

いい食材の見分け方 軸の色が青々としていて、皮の色が鮮やかなもの。ツヤのあるもの

通常保存 冷蔵庫で保存。2～3日中に食べ切る

冷凍保存 そのまま冷凍

梨

いい食材の見分け方 ツルがしっかりとしていて、ハリのあるもの。黒い斑点がないもの

通常保存 ビニール袋に入れて冷蔵庫で保存。未熟なものは室温で熟してから

冷凍保存 冷凍保存には不向き

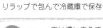

いい食材の見分け方 全体に丸みがあり、下部がどっしりしていて重いもの。皮が赤っぽく、香りが良いもの

通常保存 常温でも保存できるが、傷みやすいので、新聞紙にくるんで冷蔵庫へ。葉を下にして逆さまの状態で保存すると、甘みが全体に行き渡る

冷凍保存 皮と種を除き、適当な大きさにカット。ラップで包み、保存袋に入れて冷凍

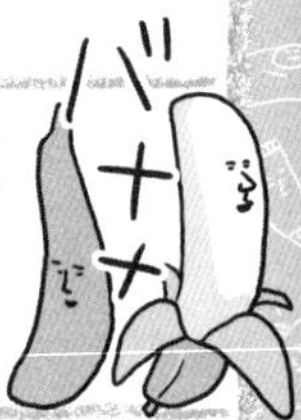

いい食材の見分け方 房の大きさがそろっていて、均一に黄色いもの。傷がないもの

通常保存 常温で保存。できれば吊るす。黒い斑点が出たら食べごろ

冷凍保存 皮をむき冷凍。約1ヶ月。割箸を刺して冷凍すれば、バナナアイスに

下ごしらえワンポイント 皮をむいたあとにレモン汁を塗ると茶色くなるのを防げる

いい食材の見分け方 粒にハリがあって、ツルがピンとしているもの。表面が粉をふいたように白っぽくなっているもの

通常保存 新聞紙に包んで冷蔵庫で保存

冷凍保存 粒の小さいものはそのまま、大きいものは皮をむいてから冷凍

いい食材の見分け方 色が鮮やかで、丸いもの

通常保存 常温で保存。完熟したものはビニール袋に入れて冷蔵庫へ

冷凍保存 皮と芯を除き、適当な大きさにカット。ラップで包み、保存袋に入れて冷凍

いい食材の見分け方 色が均一なもの。編目のあるメロンの場合は、編目が細かいもの

通常保存 常温で保存し、食べる2〜3時間前に冷蔵庫へ

冷凍保存 皮と種を除き、適当な大きさにカット。ラップで包み、保存袋に入れて冷凍

桃

いい食材の見分け方

うぶ毛がまんべんなくあって、傷がないもの

通常保存

常温で保存し、食べる2～3時間前に冷蔵庫へ

冷凍保存

皮をむいて適当な大きさに切り、レモン汁を塗って冷凍

洋ナシ

いい食材の見分け方

かたく、重量感のあるもの。ツヤのあるもの

通常保存

冷暗所か冷蔵庫で保存

冷凍保存

皮と芯を除き、適当な大きさにカット。ラップで包み、保存袋に入れて冷凍

りんご

いい食材の見分け方

ツルがしっかりしていて、色が均一なもの

通常保存

まわりの野菜や果物を熟させるので、冷蔵庫に入れるときはビニール袋に入れる。※熟させたいものがあるときは一緒に入れる

冷凍保存

ひと口大に切りレモン汁をかける。ラップで包み、保存袋に入れて冷凍

下ごしらえワンポイント

皮をむいたあとに、薄い塩水につけるか、レモン汁を塗ると茶色くなるのを防げる

簡単レシピ「りんごジャム」

パンにつけて
ヨーグルトにまぜて
紅茶に入れて

材料

りんご	3個
グラニュー糖	りんごの半量
レモン汁	大さじ2

作り方

1. りんごを8等分にして皮と芯をのぞき、2~3ミリにスライスする。
2. りんごの重さを計り、その半量のグラニュー糖を用意する。
3. 鍋にりんごとグラニュー糖、レモン汁を入れ、焦げないようにかき混ぜながら中火で水分が無くなるまで煮こむ。
4. 冷めたら密封容器に入れて保存。2ヶ月程度もつ。

たまご

いい食材の見分け方
記載してある日付と、ヒビの有無を確認。触れる場合は、表面がガサガサしたもの。(ツルツルしたものは古い)

通常保存
パックから出し、とがった方を下にして冷蔵庫の卵入れに保存

冷凍保存
生の場合は溶くか、黄身と白身に分けて冷凍。冷蔵庫で自然解凍。薄焼き卵や厚焼き卵にして冷凍しても。自然解凍で。約2週間

牛乳

通常保存
冷蔵庫で保存。開封後は早く飲み切る

冷凍保存
脂肪分が分離してしまうので、冷凍保存には不向き

ホワイトソースにしてなら…冷凍可能!
小麦粉とバター各30gを弱火にかけ、よく混ぜ合わせたら牛乳500ccを加え、よくかきまぜて煮る。塩コショウで味を調えれば完成!

チーズ・バター

いい食材の見分け方
切り口が変色していないもの。チーズは弾力があるもの

通常保存
冷蔵庫で保存。開封後は早く食べ切る

冷凍保存
密封して冷凍。約1年。自然解凍。加熱するなら凍ったままでもOK

ヨーグルト

いい食材の見分け方
確認できる場合は、上澄みの液量があまり多くないもの

冷凍保存
1回分ずつ分けて冷凍。約1ヶ月。生クリームと混ぜて冷凍するとアイスクリームに

通常保存
冷蔵庫で保存。開閉の振動でヨーグルト成分が分離しやすいので、ドアポケットは避ける。開封後は早く食べ切る

生クリーム

通常保存
冷蔵庫で保存。衝撃を与えると分離してしまうことがあるので、動きの多いドアポケットでの保存は避ける

冷凍保存
1回分ずつ分けて冷凍。約2週間。においを吸収しやすいので、においの強いものと一緒に置かない

下ごしらえワンポイント
凍ったままスープに入れたり、デザートに添えて。凍ったままコーヒーに入れればウインナコーヒーに

米

通常保存 清潔な容器に入れ、冷暗所で保存。精米は夏は約20日間、冬は約1ヶ月くらいで使い切って

ごはん

通常保存 冷ましたごはんをラップで包むか容器に入れ冷蔵庫へ。約2日

冷凍保存 1食分ずつに分け、ラップに包んで冷凍。約2ヶ月。レンジで温め直す

下ごしらえワンポイント 水か酒を少量ふりかけ電子レンジで温めると、ふっくらと仕上がる

もち

通常保存 真空パックのもちは室温で保存。それ以外は1個ずつラップに包み、密閉容器に入れて冷蔵保存。約1週間

下ごしらえワンポイント 冷蔵保存時は、一緒にわさびを入れておくとカビを抑えられる

冷凍保存 真空パックのものはそのまま冷凍。それ以外は1個ずつラップで包むか、片栗粉をまぶし、保存袋に入れて冷凍。約1年。自然解凍

乾めん

通常保存 買ったときの包装のまま湿気の少ない冷暗所に保存。使いかけのものは、密閉容器に入れ冷暗所に保存

生めん

通常保存 買ったときの包装のまま冷蔵庫で保存

冷凍保存 買ったときの包装のまま冷凍。余ったパスタ等はオリーブオイルをからめ1食分に分けて冷凍。約1ヶ月。自然解凍

パン類

通常保存 ラップで包み冷蔵庫へ。2～3日で食べ切れない場合は冷凍保存

冷凍保存 買ったときの包装のまま冷凍。バゲットなどは1食分に分け、保存袋に入れて冷凍。クリームが挟まっているパン以外は菓子パンでも冷凍可。約2週間。凍ったままトースターで焼くか、自然解凍

かたくなったパンは フレンチトーストにしても

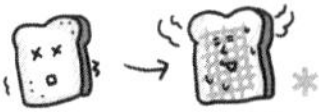

★材料★

パン 4切
卵 1個
牛乳 2カップ
砂糖 大さじ3
バター 大さじ2

★作り方★

1. ボウルに卵、牛乳、砂糖を入れかき混ぜる。
2. パンを1に15分ほどひたす
3. フライパンにバターを溶かし、パンを弱火で両面焼く。

♫シナモンパウダーやバニラエッセンスをお好みで加えても♫

豆腐

いい食材の見分け方
白くツヤがあり、形がくずれていないもの。できれば消泡剤の入っていないもの

冷凍保存
高野豆腐のようなスポンジ状になる。煮物や炒り豆腐などに利用。約１週間

通常保存
パック入りのものはできればボウルや密閉容器に移し替え、かぶるくらいの水を入れて冷蔵庫に保存。１～２日で使い切る

納豆

通常保存
買ったときのパックのまま冷蔵庫へ

下ごしらえワンポイント
凍ったまま刻めば、包丁やまな板をあまり汚さずに、ひき割り納豆ができる

冷凍保存
パックのまま冷凍。自然解凍、急ぎの場合は電子レンジの解凍モードで。約2ヶ月

油あげ　厚あげ

いい食材の見分け方
油浮きが少ないもの

通常保存
１～２日で使い切らない場合はすぐに冷凍

冷凍保存
油抜きをし、用途に合わせて切ったものを保存袋に入れて冷凍。約１ヶ月。凍ったまま調理。自然解凍して和え物などにも

下ごしらえワンポイント
（油抜き）両面に熱湯をかけるか、ペーパータオルに包み１～２分レンジにかける。油臭さが抜け、調味料がしみ込みやすくなる

こんにゃく　しらたき

いい食材の見分け方
弾力があり、やわらかすぎないもの。縮んでいないもの

下ごしらえワンポイント
２～３分ゆでると、独特のにおいが消える。塩もみして、しばらく置いてからゆでるとなおGOOD

通常保存
買ってきた包装のまま冷蔵庫に保存。使いかけのものはボウル等に移し替え、かぶるくらいの水を入れて冷蔵庫に保存。２～３日で使い切る

冷凍保存
食感はゴムのようになるが冷凍可。ゆでたものを用途に合わせて切り、保存袋に入れて冷凍。約1ヶ月。凍ったまま調理

のり

いい食材の見分け方
色が黒く、ツヤのあるもの

通常保存
買ってきた包装のまま室温で保存。湿気を含みやすいので開けたら使い切るかすぐに冷凍

冷凍保存
小分けにしてラップで包み保存袋に入れて冷凍。約3ヶ月。自然解凍

昆布

いい食材の見分け方
よく乾燥していて、肉厚なもの。白い粉がふいているもの

通常保存
買ってきた包装のまま、冷暗所で保存。使いかけのものは、保存袋に入れる

冷凍保存
ダシを取ったあとの昆布は水気を拭き取り、用途に合わせてカット。保存袋に入れて冷凍。約2ヶ月。凍ったまま調理。煮物や佃煮にして

下ごしらえワンポイント
表面についている粉はうまみ成分。使うときは洗わず、ペーパータオルで軽く汚れを落とす程度で

簡単レシピ
「昆布のつくだ煮」
ダシをとったあとの昆布を適当にカットし、ダシ汁・しょうゆ・みりん（同割合）で昆布がやわらかくなるまで煮るだけ!

わかめ

いい食材の見分け方
生のわかめは濃緑色のもの。乾燥わかめは黒褐色のもの

通常保存
生わかめは買ってきた包装のまま冷蔵庫で保存。乾燥わかめは冷暗所で保存

冷凍保存
生わかめは軽くゆでる。水気をよく拭き取り保存袋に入れて保存。約3ヶ月。乾燥わかめはそのまま保存袋に入れ冷凍。約1年

煮干

いい食材の見分け方
ツヤがあって、身がくずれていないもの

通常保存
買ってきた包装のまま冷暗所で保存。開封したら、冷凍保存に切り替えた方が○

冷凍保存
保存袋に入れ冷凍。ダシを取ったあとの煮干は水気を拭き取り保存袋に入れて冷凍。約2ヶ月

下ごしらえワンポイント
冷凍すると、油やけを防ぐことができる。ダシを取ったあとは、佃煮などに

干ししいたけ

いい食材の見分け方
肉厚で表面が黄茶色のもの

通常保存
買ってきた包装のまま、冷暗所で保存。使いかけのものは、保存袋に入れる

冷凍保存
水で戻してから水気をよく絞り、保存袋に入れて冷凍。約1年。自然解凍

切り干し大根

いい食材の見分け方
太さが均一で、あめ色をしたもの

通常保存
買ってきた包装のまま、冷暗所で保存。使いかけのものは、保存袋に入れる

冷凍保存
水で戻してから水気をよく絞り、保存袋に入れて冷凍。約2ヶ月。自然解凍

さとう

通常保存
密閉容器に入れ、湿気の少ない冷暗所で保存

下ごしらえワンポイント
かたまってしまったら、ラップをかけないで電子レンジで２～３分加熱

しお

通常保存
密閉容器に入れ、湿気の少ない冷暗所で保存

下ごしらえワンポイント
かたまってしまったら、ラップをかけないで電子レンジで15秒ほど加熱

しょうゆ

通常保存
開封前、開封後とも冷暗所で保存できるが、減塩しょうゆは冷蔵庫保存。開封後は１ヶ月を目安に使い切る

みそ

通常保存
未開封のものは常温保存可。開封後は密閉容器に入れ冷蔵庫へ。開封後は2ヶ月を目安に使い切る

料理酒

通常保存
開封前、開封後とも冷暗所に保存。夏だけは冷蔵庫へ。開封後は３ヶ月を目安に使い切る

みりん

通常保存
本みりんは開封前、開封後とも冷暗所に保存。みりん風調味料は開封後は冷蔵庫に保存。開封後は半年を目安に使い切る

酢

通常保存
開封前、開封後とも冷暗所で保存できるが、冷蔵庫 保存の方が持ちが良い。開封後は常温なら半年、冷蔵保存なら１年を目安に使い切る

練り薬味

通常保存
開封前は冷暗所。開封後は冷蔵保存し、３ヶ月を目安に使い切る

練り薬味活用方法

わさびはドレッシングやマヨネーズに混ぜてサラダにかけて。からしはケチャップと合わせて揚げ物のディップに。しょうがをポン酢に混ぜると簡単酢の物に。

マヨネーズ ケチャップ

通常保存
開封前は冷暗所に保存。開封後は容器の空気を抜いて冷蔵庫へ入れ、１ヶ月を目安に使い切る

通常保存

開封前は冷暗所。開封後は冷蔵保存し、1ヶ月を目安に使い切る

ドレッシング類

ドレッシング活用方法

おひたしの味つけに

ゆでた青菜にかけるだけで一風変ったおひたしの出来上り。

お肉の下味に

から揚げ等、お肉の揚げ物の下味にそのまま使用。酢の効果でお肉がやわらかくなります。

通常保存

開封前は冷暗所に保存。開封後は冷蔵庫に入れ、2ヶ月を目安に使い切る

ソース

通常保存

開封前は冷暗所。開封後は密閉容器に入れて冷蔵保存し、2ヶ月を目安に使い切る

ルゥ・顆粒だし類

小麦粉類

通常保存

密閉容器に入れ、冷暗所に保存。開封後、薄力粉・中力粉は1年、強力粉は半年を目安に使い切る

スパイス類

通常保存

冷暗所か冷蔵庫で保存。開封後は半年を目安に使い切る

通常保存

乾燥パン粉は保存袋に入れ冷暗所に保存し、開封後は1ヶ月を目安に使い切る。生パン粉は冷凍して2週間を目安に使い切る

冷凍保存

保存袋に入れ、冷凍庫へ。5分ほどで自然解凍できる

パン粉

余ったパン粉の活用方法

- オムレツに加える（生パン粉が適します）
- パン粉、卵、砂糖、牛乳を混ぜてホットケーキ風に
- パン粉、卵、牛乳、千切りキャベツを混ぜてお好み焼き風に

開封後缶詰

通常保存

密閉容器に移し、冷蔵庫で保存。5日以内に使い切る

開封後びん詰

通常保存

密閉容器に移し、冷蔵庫で保存。佃煮は2～3週間、ジャムは1ヶ月を目安に使い切る

ハチミツ

通常保存

冷蔵するとかたまってしまうので冷暗所で保存。約2年

固まってしまったハチミツはあたためれば元通りに。電子レンジで数十秒チンするか、容れものごとぬるま湯につけて

和菓子ケーキ

冷凍保存

ラップで包み冷凍。約1ヶ月。自然解凍

天かす

冷凍保存

密閉容器に入れて冷凍保存。約1ヶ月。使いたい分だけをスプーンですくって

漬物

通常保存

冷蔵庫で保存。開封後は、密閉容器に移し替え冷蔵庫で保存。1週間を目安に使い切る

冷凍保存

1食分をラップに包み冷凍。約2週間。自然解凍

残った漬物の活用方法

- チャーハンの具として
- 細かくきざんでごはんに混ぜて
- マヨネーズに混ぜてサラダにかけて

伊達巻き

冷凍保存

食感は落ちるが冷凍可能。食べやすい大きさにカットしたものをラップに包み冷凍。約２週間。自然解凍

黒豆・田作り

冷凍保存

１食分をカップなどに入れラップで包んで冷凍。約２週間。自然解凍

栗きんとん

冷凍保存

１食分をラップに包み冷凍。約１ヶ月。自然解凍

こぶ巻き

冷凍保存

汁気を拭き、１食分をラップに包み冷凍。約２週間。自然解凍

ぎょうざ

冷凍保存

加熱前のものは小麦粉をまぶし、ラップに包み冷凍。加熱後のものは、アルミホイルに包み冷凍。食べるときはアルミホイルごとトースターなどで加熱

カレー

通常保存

冷めてから密閉容器に入れ、冷蔵庫へ。約２日間

冷凍保存

ジャガイモだけ抜くかつぶすかし、保存袋に入れ冷凍。約１ヶ月。自然解凍

余ったカレーの活用方法

* カレーチャーハンにして
* パンにはさんで
* カレーうどんにして

ハンバーガー

冷凍保存

パンと肉（具）に分け、ラップに包み冷凍。約１週間。自然解凍かレンジで解凍

どう？
これだけあれば
大丈夫なはずよ
十分です！
むしろ使った
ことのない
食材がいっぱい…
ズッキーニ
あと気になったんだけど…
入江さんは
「消費期限」と
「賞味期限」の
違いを知ってる？
消費の人
ダメ！
ゼッタイ
賞味の人
まあ
いいんでない？
消費期限ってのが
「日付を過ぎたら
食べちゃダメ」で
賞味期限が
「日付が過ぎても
食べられる」
ですかね？
そうそう。
簡単に言うと
そんな感じね
消費期限
5日以内に品質が落ちるもの。期限を過ぎたものは食べないように。お弁当やお総菜、生菓子等につけられる
賞味期限
5日を超えて品質が保たれるもの。期限を過ぎてもすぐに食べられなくなるわけではなく、品質に問題ない場合もある。牛乳や冷凍食品、乳製品等につけられる
3.6牛乳
冷凍
コロッケ
チーズ
じゃあ、賞味期限が
切れたものが食べ
られるか、食べられ
ないかの判断は
どうやってしてる？
2日切れ
んも〜
飲め〜!!
えーっと…
におい？
そうね、それも
1つのポイント。
その他にもこんな
ところで見分けて

食べられるか食べられないかを見分ける方法
「見た目」「におい」「粘り」で判断
ネチャ
カビがはえているものはもちろん、変色しているものやにおいがいつもと違うもの、粘りが出ているものは絶対に避けて
食品メーカーが責任を持つのは、賞味期限内のものについてのみ。それを過ぎたら、個人の責任だから、しっかり見分けをつけられるようになってね
以降は知らんぞ〜
賞味期限
20XX.XX.XX
あとレシピとか読んでいて分からないことがあるんです
ひとにたち
ゆでこぼす
サッと
卵50g
にふくめる
分量の「卵50g」は卵何個分なのかとか「しょうが1カケ」って何gくらいかとか「ひと煮立ち」ってどれくらい煮るのかとか…
しょうが
たまご
S
M
L
たしかにレシピの多くは読者がわかっている前提で書いてあるものね
料理の作り方と違ってこういう基本の部分って教わることもあまりないですよね
出直してきたまえ!!!
それでは次からのページを参考にしてね

食材換算目安表

名前	数量	重さ（g）
インゲン	1本	3〜5
かぼちゃ	小1個	400〜600
	大1個	1000〜1400
キャベツ	大1個	800〜1000
	小1個	700
	葉大1枚	50
キュウリ	中1本	130〜150
ほうれん草 小松菜	1束	250〜350
さつまいも	中1個	200〜250
さといも	中1個	50
じゃがいも	大1個	150〜200
	小1個	80
しょうが	1個	30〜50
親指よりひとまわり大きい程度	1カケ	10〜15
セロリ	1本	100〜120
大根	大1本	1000
	小1本	800
たまねぎ	大1個	250
	小1個	150
トマト	大1個	200〜250
	小1個	100
なす	中1本	60〜80
にら	1束	100

名前	数量	重さ（g）
にんじん	中1本	150〜200
にんにく （にんにく1個=8〜10片）	1片	5
ねぎ	中1本	100
白菜	中1株	1500
	葉大1枚	100
ピーマン	中1個	30〜40
三つ葉	1束	40〜50
レタス	中1個	300〜400
レンコン	中1節	150〜200
たけのこ（ゆで）	中1本	300
レモン	中1個	60〜80
もやし	1カップ	60
チンゲン菜	1株	100
ブロッコリー	1株	200
アスパラガス	1本	20
アボカド	1個	200〜250
イチゴ	1粒	15〜20
オレンジ	1個	200
キウイ	1個	100
グレープフルーツ	1個	300
バナナ	1本	150
みかん	1個	100
りんご	1個	300

名前	数量	重さ（g）
あじ	中1尾	120
いか	中1杯	300
いわし	中1尾	100
さんま	中1尾	120
くるまえび	中1尾	20～30
卵	1個	50～60
鶏もも肉	中1枚	250
鶏むね肉	中1枚	200
ささ身	中1本	40
ベーコン	1枚	20

名前	数量	重さ（g）
パン	8枚スライス 1枚	40
	6枚スライス 1枚	60
ごはん	1膳	150
もち	1個	50
豆腐	1丁	300
油揚げ	1枚	30～50
厚揚げ	1枚	150
干し椎茸	1枚	2～4

名前	小さじ（5cc）	大さじ（15cc）	1カップ（200cc）
砂糖（上白糖）	3	10	120
砂糖（グラニュー糖）	4	12	160
塩	5	15	200
酢	5	15	200
しょうゆ	6	17	230
みりん	6	17	230
酒	5	15	200
味噌	6	18	230
ケチャップ	6	18	240
ウスターソース	5	16	220
バター	4	13	180

名前	小さじ（5cc）	大さじ（15cc）	1カップ（200cc）
サラダ油	4	13	180
小麦粉	3	8	100
片栗粉	3	9	110
粉ゼラチン	3	10	130
生クリーム	5	15	200
パン粉（生）	1	3	45
牛乳	5	15	200
ベーキングパウダー	3	10	135
マヨネーズ	5	14	190
ごま	3	9	120

※表の数字の単位は重さ（g）

知っておきたい

料理用語

アクをとる
ゆでたときに浮く茶色い泡を、玉じゃくしなどでキレイにすくい取ること。えぐみや渋みが取れる。アクが沸騰時の泡で散らないように弱火にして

粗熱をとる
温度を人肌程度に冷ますこと

味を調える
味見をしながら、味を調整すること

から炒り
フライパンで、油や水なしで混ぜて加熱すること

くぐらせる
水や熱湯に入れ、すぐに引き上げること

差し水
麺をゆでるときにふきこぼれないように入れる水のこと。カップ1杯（200cc）ほど

サッと煮る
短時間煮ること

味をなじませる
そのまま置いて味を全体になじませる

アク抜き（さらす）
アクの強い野菜を、水や酢水にさらしてアクを抜くこと。じゃがいもは水、ゴボウやレンコンは酢水（水1カップに対して酢小さじ1/2）で

板ずり
食材をまな板に置き、全体に塩をふって両手で転がすこと。色が良くなる

落としぶた
煮物を作るとき、煮くずれせず全体に味を行き渡らせるために、鍋よりもひとまわり小さいフタを材料の上にのせること。オーブンシートやアルミホイルで代用可能

塩もみ
材料に塩をふり、しばらく置いて水分を出すこと

下ゆで
炒めたり揚げたりする前に、ゆでること。味がしみ込みやすくなる

少々
親指と人さし指でつまんだ量（小さじ 1/10 程度）

ひとつまみ
親指、人さし指、中指でつまんだ量（小さじ 1/5 程度）

ひと煮立ち
煮汁が沸騰するまで加熱すること

ふり洗い
貝のむき身などのやわらかい材料をザルに入れ、水や塩水につけてふって洗うこと

ゆでこぼす
材料をゆでたあと、ゆで汁を捨てること

寝かせる
そのまま置いておくこと

煮切る
みりんや酒を入れた際に、アルコール分を蒸発させること。長く煮る場合は必要がない

煮つめる
フタをせずに、煮汁がなくなるまで煮ること。トロミをつけたり、照りを出したいときに

煮含める
ゆっくりと煮て、味を十分にしみ込ませること

回し入れる
調味料などを入れるときに、鍋全体に行き渡らせるように流し入れること

湯通し
材料を熱湯に入れ、引き上げること

なるほど〜 こういう意味だったのか!!
料理用語
長年、よくわからないレシピは避けていたけど…
湯通しして落しぶたをしてどうのこうの… 板ずりをしてから…
NEW
今日からは新しい♥自分に出会えそうです♥
新
それにしても…「寝かせる」意味・そのまま置いておくこと
素晴らしい…!!

わー。これでもう私もステキな奥様ですね。ぐふふ
ステキな奥様
特集
カリスマ主婦ひさえさん
4月号
え、ええ…がんばってね
どこからその自信が…
その夜…
おー今日はなんだか豪華だなぁ
今日ともすけさんに料理の基本をいろいろ教わってきたんだ
エッヘン
いい食材を選んだし…
?
ピクッ
余ったぶんはしっかりと保存したわ
おまえやればできるじゃん！見直したよ
そうなんです。できるやつなんですよ。わたくしって
オホホホホホ
……じゃあさっそくいただきます
相変らず単純なヤツだな…
!!
うぐ
こ、この味はなんだ？次は料理教室だな…
ハァハァ

5

家事のこと

掃除&洗濯の基本編

掃除の基本
ある昼下がり…
食器の山(使用済)
洗濯もの
フヘヘヘヘ
ピンポ〜ン
は〜い
んっ？
ひさえさん
近くまで来たから
寄ったわよー
お義母さん!?
あ、え、あのちょっと
待ってください
うおおおおー
洗濯
ゴミ
すみません。
お待たせ
しました
ハァハァ
あら…？
おじゃまします
ひさえさん…
今、片付けてた
のね…
え？
パンツ
落ちてるわよ
!!
……

いやー…ははは
お茶でも入れますね
あ、コーヒーの方がいいですかね?
ぐしゃ
コケー
コケー
ウフフ
アハハ
じゃあ
そろそろ
帰るわね
なんの
おかまいもなし
にすみません
今度は連絡してから
来るようにするわね
え、ええ…
ふぅ、超焦った。
ギリギリセーフ
だったな
余裕でアウト!!
フウー
にしても
掃除って
面倒なんだよな
世の中の奥さまたちは
いったいどうやって
掃除へのモチベーション
をあげてんだろうなー
※世の奥様たち
あ。洗剤
買わな
きゃ
ん?
そうだっ!

数日後…
ハイ! こちらでお待ち下さい
あのー。今日お約束している入江です
洗剤をキッカケに東京の茅場町に本社を構える花王さんに掃除の基本をききにやってきちゃいました!
ドキドキ
ラクにできる掃除方法を教えてくれないかなぁ…
ガチャ
こんにちはー!
花王株式会社 弦巻さん&朝倉さん
こんにちはー。今日はよろしくお願いします
ドキドキ
はーい こちらこそ。今日はお掃除の方法についてでしたよね
はい。なにせ面倒臭がり屋でしてすぐ掃除を後まわしにしちゃうんです…
洗濯物の山!!
全体的にホコリっぽい
カピカピのお皿
あー。それでラクな掃除方法はないかって?
はは!

あ、は、はい
ビクッ
何でわかるの!?
気持ちは分かるけど…でも掃除が苦手な人ほど、こまめに掃除しなくちゃ!
え?そうなんですか…
入江さんは「今日は掃除するぞ!」って1日かけて掃除するタイプっぽいわよね
ヤッタルどー!!
その通りです!
汚れがたまると掃除にすっごく時間がかかるのよね。2日に1回軽く拭いておけばなんてことない汚れでもそれを1ヶ月とか放って置くと何十分もかけて掃除しなくちゃいけなくなるのよ
汚れ
1ヶ月後
そうやってどんどん掃除が嫌いになるのよねー。悪循環ってやつ
汚れ発生
ほっとく
ワハハハ!!
汚れたまる
掃除
キレイ
うう、その通りでございます
それじゃあそういう基本的な部分から入りましょう。あ、そうそう。掃除の前にまず「整理整頓」するようにね
★物を所定の位置に戻す
★不用物を処分する
むぐ…
効率的に掃除ができるわよ~

✧掃除の基本✧

① こまめに掃除する

ホコリや手あかなどちょっとした汚れは、気づいたら「拭く」「落とす」。軽い汚れでも、時間が経つと日光や熱、空気によって変化し、落ちにくくなってしまいます。

② 窓を開けて掃除する

掃除中は風の通り道を作って、汚れた空気を外に出しましょう。特に掃除機をかけるときは、人の動きもありホコリが舞い上がるので、かならず窓やドアを開けて。

③ 「汚れ」「材質」「洗剤＆用具」を見極める

汚れをしっかり落とすポイントは、「どんな材質にどんな種類の汚れがついているか」を見極めて、「それにあった洗剤や用具を使うこと」。弱い材質に強い洗剤を使っていては、材質そのものがダメになってしまうし、頑固な汚れに弱い洗剤を使っていては、汚れは落ちません。

④ 「上から下に」「奥から手前に」掃除をする

ホコリが落ちるので、天井に近いところから掃除をするのが基本。ただし液体洗剤を使用するときは液が垂れスジが残ることがあるので、下から上に素早く磨いて。

まずは頑固な汚れが多いキッチンまわりからいきますよ
生ゴミ臭い
油でベトベト
油を使うからベタベタするし、生ゴミとかで臭いも出るから嫌なんですよね…
でも清潔に保ちたい場所ナンバー1よ。なにせ、口に入るご飯を作っているところだもの
しかも、キッチンはトイレや浴室よりもバイ菌が多いって知ってた？
え、そうなんですか？それは意外！
キッチンには目に見えない汚れがいっぱい。家族の健康のためにもこまめな掃除をこころがけてね

キッチンまわりの掃除頻度の目安

使うたび

- ガスレンジ
- シンクまわり
- 布巾類
- ミキサー／フードカッター

1週間に1回

- 排水溝／三角コーナー
- レンジ／オーブンレンジ
- オーブントースター

1ヶ月に1回

- 換気扇／レンジフード
- ポット

半年に1回

- 冷蔵庫

キッチンまわりのおそうじ

ガスレンジ

軽い汚れ → こびりついた汚れ

水拭 → 台所用洗剤を使って拭く → つけおき洗い OR 湿布法 → クレンザーを使ってこする

☆軽い汚れ

料理のあと、ガスレンジがまだ温かいうちに掃除するのが最大のポイント。吹きこぼれやちょっとした油ハネならば、水拭きだけで落ちます。水拭きで落ちない場合は、「台所用強力洗剤」を直接吹き付けるか、布巾にしみ込ませ拭き取ります。その後、水拭きすればOK。レンジまわりのタイル壁、窓の油汚れもこの方法で。

うちの商品
だったら
「キッチンマジック
リン消臭プラス」
がいいわよぉ〜
サッ
ヨッ!!
さすが広報!!

★こびりついた汚れ

時間が経って落ちにくくなった汚れは、「つけおき洗い」「湿布法」を試してみましょう。それでもダメならクレンザーを使用。使い古した歯ブラシやスチールウールでこすって。

つけおき洗い

2〜4時間

五徳や受け皿
魚焼きグリルに

1、洗いおけなどに人肌程度のぬるま湯をはる
2、「つけおきタイプの台所用強力洗剤」を適量入れ、五徳や受け皿を2〜4時間つける
3、使い古した歯ブラシやスポンジで軽くこする
4、水洗いをしたあと、水気をよく拭き取る

湿布法

30分

つけおき洗いが出来ない
ガスレンジ台，ガス管などに

1、汚れた部分に湿らせたティッシュペーパー（ペーパータオル）をはりつける
2、「台所まわりの洗剤」をしみ込ませる
3、30分ほど置いて汚れが浮き上がってきたら、ティッシュごと拭き取る
4、水拭きをする

換気扇 レンジフード

換気扇は、外せるものは外して掃除します。外すときは下に新聞紙などを敷き、コンセントを抜いてから。ファンなど外せるものは「つけおき洗い」、取り外せない本体やレンジフードは「湿布法」。
塗装してあるものは、目立たないところに「台所用強力洗剤」を塗り、塗装がはげないか下調べをしてからが安心。

シンクまわり

使ううちにくもってくるステンレスのシンク。水あかが主な原因です。食器を洗うついでに、一緒にサッと洗うようにしましょう。

1、スポンジに「クエン酸効果のある食器用洗剤」をつけ、軽くこする
2、水で洗い流す
3、まだくもりが残っている場合は、「クリームクレンザー」をつけて軽くこする。研摩スジがつかないように、一定の方向に
4、水で洗い流す
5、から拭きして水分を拭き取る

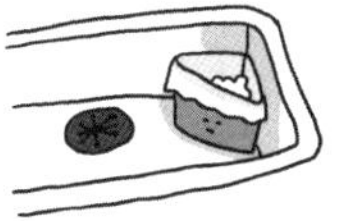

排水溝, 三角コーナー

食べ物のカスが残るため、カビが発生しやすい場所です。夏場は特に臭いが出るので、こまめに掃除しましょう。

1、たまっているゴミを取りのぞく
2、「台所用漂白剤」を振りかけるか、スプレーして5分ほど置く
3、水で洗い流す

※すぐ捨てられない生ゴミは

よく水気を切ってゴミ袋やゴミバケツに入れ密封します。消臭剤をかけておくと、臭いを防げます。

冷蔵庫

庫内は低温だからカビやバイ菌とは無縁かと思ったら大間違い！カビは0℃でも活動できるので、食べ物のくずや汁などは、すぐに拭き取りましょう。

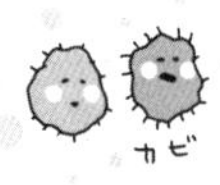

1、食材をすべて外に出す
2、取り外せるものは、「台所用漂白剤」で30分ほどつけおき洗いをして乾かす
3、庫内は、5倍程度に薄めた「台所用漂白剤」を布巾に含ませ拭く。カビを移さないよう、こまめに布巾を洗って
4、ドアパッキンは5倍程度に薄めた「台所用漂白剤」を綿棒に含ませ塗る。30分ほど置いてから水拭きをする
5、冷蔵庫の外側は、「台所まわりの洗剤」を含ませた布巾で拭いたあと、十分に水拭きする
※綿棒がない場合は、割箸の先にいらなくなった布を巻きつけたものでも代用可

電子レンジ オーブンレンジ

意外に汚れているのが電子レンジやオーブンレンジ。汁がはねたり、カスが落ちたままにしているとゴキブリが寄ってくるのでこまめに掃除をして。

1、耐熱性の容器に水を入れ2～3分加熱し、汚れをふやかす
2、5倍程度に薄めた「食器用洗剤」を布巾に含ませ拭く
※スミの細かい部分は、竹串やつまようじなどにいらなくなった布を巻きつけて拭くとキレイに
3、水拭きしたあとドアをしばらく開けておき、乾かす
4、レンジの外側は、「台所まわりの洗剤」を含ませた布巾で拭いたあと、十分に水拭きする

オーブントースター

受け皿にパンくずや油などが落ちるため、放っておくと汚れがこげついてしまいます。掃除の際にはヒーター部分を濡らさないようにしましょう。

1、受け皿を外し「食器用洗剤」で洗う。それでも落ちない汚れはクレンザーをつけてこする
2、本体はよく水拭きし、こげつきは割箸でこすって落とす。頑固なこげつきは使い古した歯ブラシに「クレンザー」を少量つけてこすり、水拭きする

電気ポット

ポットの内側が白くなってきたらお掃除のサイン。これは水に含まれるカルシウムなどが蓄積したもの。こびりつく前に洗浄して。

1、やわらかいスポンジに「クレンザー」をつけ、軽くこする
2、水で洗い流す
3、それでも落ちない場合は、10倍程度に薄めた酢をポットに入れ沸騰させ、そのまま3時間ほどおく
4、水で洗い流す
5、ポットの外側は、「台所まわりの洗剤」を含ませた布巾で拭いたあと、十分に水拭きする

ミキサー、フードカッター

こまかい部分に食材のカスが残ることがあるので、使ったあとは毎回「つけおき洗い」するようにしましょう。

1、取り外せるものは、「つけおきタイプの台所用強力洗剤」で30分ほどつけおき洗いをして乾かす
2、本体は通電部分を濡らさないように注意しながら、「台所まわりの洗剤」を含ませた布巾で拭いたあと、十分に水拭きする
※スミのこまかい部分は、竹串やつまようじなどにいらなくなった布を巻きつけて拭くとキレイに

食器用布巾、台布巾

布巾は濡れたまま放っておくと、バイ菌がどんどん繁殖していきます。その布巾で食器や流し台を拭けば、バイ菌をどんどん広げることに。バイ菌は衛生上大きな問題になるうえ、どんなに水洗いしてもなくならないので、以下の方法で除菌して。

1、洗いおけに人肌程度のぬるま湯、「台所用漂白剤」、布巾を入れ2分（漂白する場合は30分）ほどつけおき洗いをする
2、よくすすぎ、しっかりと絞る
3、布巾を広げ、十分に乾かす

基本 食器洗い

食器洗いは、油汚れを広げないようにするのがコツ。ひと工夫するだけで、食器洗いにかかる時間を短縮することができます。

洗う前

＊油のついた皿は重ねない
＊皿についた油やソースなどは、ボロ布やペーパータオルで拭き取る
＊すぐに洗わないときは、水につけ乾燥するのを防ぐ

※木のお椀などは水分を含むと傷むので、すぐに洗うようにしましょう

洗うとき

以下の順番で洗うのが効率的です
1、汚れが少なく割れやすいもの
2、木のお椀やお箸
3、油汚れのないもの
4、油汚れがついたもの

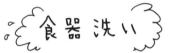

キッチン小物や鍋類の洗い方

スプレータイプが楽
まな板・ステンレス包丁

まな板は包丁の傷あとにバイ菌が、包丁は刃と柄のつなぎ目に汚れがたまりやすいので「台所用漂白剤」で除菌。特に肉や魚を切ったあとはかならずおこなって。

「台所用漂白剤」をまな板（包丁）全体に伸ばし2分ほど置き、水で洗い流す。60℃以上のお湯をかけるとタンパク質が固まってしまうので、水かぬるま湯で洗って。

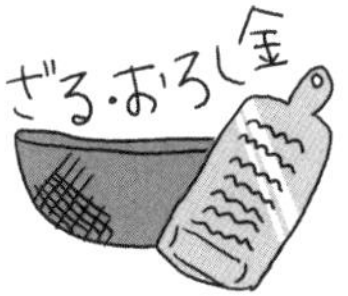
ざる・おろし金

目が細かく食材が詰まりやすいので、気づいたときに手入れをしましょう。

「つけおきタイプの台所用強力洗剤」で30分～1時間ほどつけおき洗いをしたあと水洗いをして、しっかり乾かす。

きゅうす・湯のみ
ガラス食器
プラスチック容器
茶

きゅうすや湯のみは使ううちに茶シブがたまり、ガラス食器は落ち切らなかった油分やタンパク質などでくもってきます。プラスチック容器は、カレーやニンニクなどを保存すると黄ばみや臭いが残ります。次の方法でお手入れしましょう。

「台所用漂白剤」で20～30分ほどつけおき洗いをしたあと水洗いをして、しっかり乾かす。
※金や銀のラインがある場合はラインがはげてしまうため、つけおき洗いはできません

鍋・フライパン

「つけおきタイプの台所用強力洗剤」で30分～1時間ほどつけおき洗いをしたあと水洗いをして、しっかり乾かす。
※こげついたときは、お湯をたっぷり入れてしばらく沸騰させる。水を捨てずにそのまま冷やしたあと、クレンザーでこする。フッ素加工のもの、アルミ製のものは傷つきやすいので軽くこすって
※銅製やホーロー鍋はサビやすいので、強くこすって傷つけたり、こげつかせないように。また、使ったあとはよく乾かして

汚れが残ったフライパンを火にかけると、熱によって汚れがどんどんこびりついてしまいます。早め早めのお手入れを心がけて。

次はお部屋や玄関のお掃除ね
私にはホコリがたまっても見ないフリができるという得意技が…
……まぁそりゃたしかにホコリじゃ人間は死なないけどね
でもアレルギーの原因になるから気をつけて！
アレルギー!?
ホコリにはダニがすっごくいっぱいいるんだから！
ダニ……？
カサカサ
こんなん？
目には見えないけど顕微鏡で見るとかなり気持ち悪いのよ！
血、吸いてる!!
パァ
ヘァ
入江さんなんだか顔色が悪いわね…
うあぁ

お部屋や玄関のおそうじ

クッションフロア フローリング

髪の毛やホコリなど、毎日汚れがでます。できれば毎日掃除したいところですが、難しい場合は週に1回を目安に。

うちでいうと「クイックルワイパー」よ！
朝倉さん…

✧普段の掃除✧

ペーパーモップか掃除機で汚れを取ります。いきなり掃除機をかけると排気でホコリなどが舞い上がってしまうので、余裕があれば固く絞った雑巾で水拭きしてから掃除機をかけましょう。

✧週に1回の掃除✧

皮脂汚れや食べこぼしはペーパーモップや掃除機では落ちないので、週に1回はそれらの汚れをキレイに拭きます。「住居用洗剤」を含ませ固く絞った雑巾で拭きます。ダイニングテーブルの下や、人がよく歩く場所を重点的に拭いたあと、から拭きをします。水分が残っているとフローリングが黒ずんだり、反ってしまうので注意。

カーペット

カーペットは毛足に髪の毛やホコリがからまって、ダニの住処になりやすい場所。掃除機を使ってハウスダストをしっかりと除去しましょう。

ダニ!?

✧普段の掃除✧

丁寧に掃除機をかけます。次のポイントはしっかり守って。

＊力を入れずゆっくりと往復する（目安は$1m^2$あたり20秒）
＊毛を逆立てるように
＊縦方向からと、横方向から、両方からかける

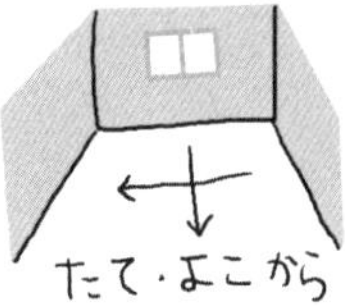

たて・よこから

✧汚れが目立つとき✧

部屋の入口など、よく人が歩く場所は汚れやすいので、気づいたタイミングでお掃除。「住居用洗剤」を含ませ固く絞った雑巾で、小さな円を描くようにして拭きます。仕上げにキレイなぬるま湯で絞った雑巾で拭き、よく乾燥させます。

たたみ

湿気を含みやすいためカビが生えやすい畳。可能ならば、天気が良い日に天日干しをしましょう。

✧普段の掃除✧

ペーパーモップか掃除機で汚れを取ります。畳の目に沿っておこないましょう。

✧天気の良い日に✧

畳は水気を嫌いますが、皮脂汚れはペーパーモップや掃除機では落ちないので、天気の良い日を見計らって、固く絞った雑巾で水拭きをします。そのあと乾いた雑巾でしっかり水分を拭き取り乾燥させます。

玄関

外から入ってくる砂やホコリなど汚れがいっぱいのうえ、靴を置くため臭いもつきやすい玄関。来客時に目に入る場所なので、いつもキレイにしておきたいですね。

✧普段の掃除✧

掃除機でゴミを吸い取る。または、水で濡らした新聞紙をちぎって撒き、それをホウキではいてゴミを取り除く。

✧ドロ汚れ✧

水で洗い流せる場合は「住居用洗剤」を使ってブラシでこすり、水洗い。水が流せない場合は「住居用洗剤」を吹きかけて布で拭き取ります。玄関を開け風の通り道を作り、乾いたら終了。

天井

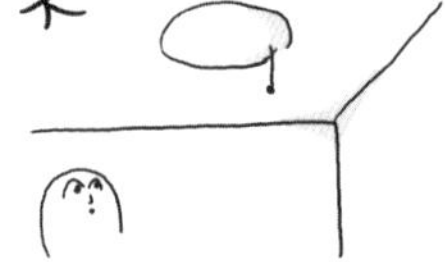

年に1度は天井もお掃除を。特に冬場は、ホコリやチリが暖房で暖められた空気と一緒に舞い上がって、そのまま天井に付着します。ペーパーモップで軽くこするだけでOK。

壁

壁も年に1度は手入れが必要。タバコを吸う人は壁紙にヤニがつき黄ばんでしまうので、半年に1回が目安。

「住居用洗剤」を雑巾にスプレーして拭きます。壁紙のつなぎ目に洗剤が入らないように注意してください。
※塗り壁や布製の壁紙など、水を吸い込む素材のものはから拭きのみ
※目立たないところで試してからおこなう

・応用編・シールはがし

壁についたシールがキレイにはがせない場合はシールをドライヤーであたため、ツメで出来る限りはがします。残ったのりのあとは、クレンザーを含ませた雑巾でこすり取ります。最後に水拭きすればOK

網戸

窓を掃除したら、ついでに網戸も一緒に掃除して。大気中のチリなどが付着して案外汚れています。

✧汚れが軽い場合✧

ペーパーモップの柄を短くして（短く持ち）、内側→外側の順にホコリを拭き取ったあと、雑巾で水拭きをします。

✧汚れがひどい場合✧

ペーパーモップでホコリを除いたあと、スポンジを水が滴らない程度にぬらし、「ガラス用洗剤」をつけて泡立てて、網戸全体に拭き伸ばします。その後、水で絞った雑巾で泡を拭き取ります。

窓ガラス

掃除は天気の良い日にやるのが基本ですが、窓拭きだけはくもりの日にやるのがベター。カラッと晴れた日は乾燥していて、窓につけた洗剤が早く乾きあとが残ってしまうからです。まずは雑巾を水にぬらし、ゆるめに絞って汚れをざっと拭き取ります。そのあと、「ガラス用洗剤」を拭きかけ、すぐに乾いた雑巾で拭きます。凹凸のあるすりガラスや模様ガラスの場合は、スプレーしたあと使い古した歯ブラシでこすって、水拭きをします。
サッシは掃除機でゴミを吸い取ったあと、割箸の先に布を巻きつけたものに「住居用洗剤」を含ませこすります。

ソファ

汗や皮脂汚れがつく割には掃除を忘れがちなソファですが、長く使うためにはお手入れが欠かせません。

＊布張り＊

普段は、掃除機でホコリを吸い取る程度でOK。月に1回程度は、「衣料用中性洗剤」を薄めた液を布に含ませ固く絞って拭きます。その後、水拭き→から拭きをして。

衣料用中性洗剤
といえば
「エマール」ね
エマール
朝倉さん、わざ
とらしいですよ…

＊皮張り＊

普段は布でから拭き。汚れが気になったら専用のクリーナー、またはミンクオイル（革靴売場、カバン売場などで販売）を少量布につけ、ムラができないように薄く塗りのばす。その後、から拭き。

うち、ミンクオイル
は扱ってないのよ…
ごめんね
いや…
まったく
責めて
ません

＊合成ソファ＊

普段は布でから拭き。汚れが気になったら、「住居用洗剤」を布にしみ込ませ拭きあげる。目立たない部分につけ、変色しないかどうかを確かめてから。

テレビ、電話機、パソコン・オーディオ等

電化製品の掃除には「静電気でホコリを集める掃除用具（ハンディモップ）」が便利。手垢が気になるときは「住居用洗剤」を布にしみ込ませ拭きます。ただし、電化製品は水気厳禁のものばかりなので、取扱説明書をよく読んで慎重に。

照明器具

普段はハンディモップでホコリを取る程度で大丈夫ですが、年に1、2回は丁寧に掃除をしましょう。電源を切ってプラグを抜き、カサの部分を外します。「住居用洗剤」を布にしみ込ませ拭いたあと、よく乾かしてから取りつけます。

エアコンのフィルターは、季節の使いはじめに1回、シーズン中は週に2回を目安に掃除をします。ホコリ以外にカビの胞子がたまっていることがあるので、そのまま使用すると、カビの胞子を部屋中に撒き散らすことに…。
フィルターをはずし、掃除機で丁寧にホコリを吸い取るか、水洗いをしてからよく乾かします。

エアコン

残す場所はお風呂やトイレ、洗面所などの水まわりね
カビが生えやすい場所ですよねぇ〜
そうね。でもカビもちょっとしたひと工夫で生えにくくなるのよ
それに毎日ちょっと拭いておけば大がかりな掃除もいらないし
水まわりこそ汚れがついたらすぐキレイにするのが基本よ
むしろ、こまめに掃除して「汚さないように」しておかなきゃね
うちのふろ…思い出したくもない…
水アカで白い
くもるかがみ
!!
カビ
また落ち込んじゃったわ…
ずーん

高温多湿の浴室は、カビにとっては最高の環境。カビだらけで真っ黒にならないよう、カビの元を絶ちましょう。

浴槽

使うたびに洗いましょう。汚れが乾かないうちの掃除がラクなので、できればお湯を抜いてすぐに洗いましょう。

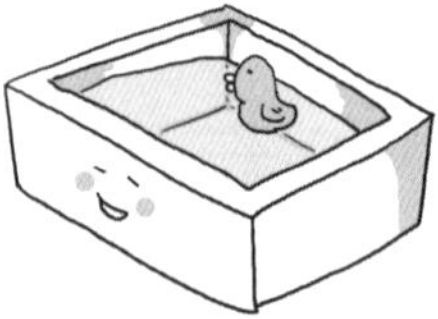

1、ぬるま湯で浴槽全体をぬらす
2、「浴室用洗剤」を湯面と底の角の部分を中心にかける
3、30秒ほどおいてからスポンジで軽くこすったあと、洗い流す
※木製の浴槽は、普段は水洗いだけ。ヌルヌルが気になるときは、漂白剤入りのクレンザーでこすり洗いします

壁や洗面器などには、シャンプーなどの石けんカスが残りがちです。それらがトリートメントに含まれる髪の保護成分と合わさると、ヌルヌルやカビの原因になってしまいます。できれば毎日、浴槽を洗うついでに一緒に掃除を。「浴室用洗剤」をかけ、スポンジで軽くこすります。すみっこは使い古した歯ブラシなどでこすって。毎日の掃除がムリな場合は、洗い場や壁についた泡だけでも水で洗い流しておきましょう。

シャワーカーテン

シャワーカーテンの全体的な汚れを落とすには、取り外して薄めた「漂白剤」につけます。その後水洗いして、陰干しすればキレイに。

排水溝

石けんカスや髪の毛などが詰まる排水溝は、バイ菌が大好きな場所。ヌルヌルして、黒ずんでくるので、最低でも週に1回は掃除しましょう。

1、取り外せるものは外して、手でゴミを取り除く
2、「カビ取り剤」を吹きかけて数分おく
3、シャワーで洗い流し、残った汚れをスポンジや使い古した歯ブラシでこすり落とす

✧ カビを防ぐテクニック ✧

カビのできる条件!!

カビは適度な「温度」「湿度」「栄養分」「酸素」がそろうと発生します。逆に、このうちどれかを断ち切ることができれば、カビは生えません。酸素以外の要素をなくすよう、日頃から次のことに気をつけて。

＊湿気をふせぐ

お風呂から出たら、次の人が入る間も浴槽のフタをして湿気が出るのを抑えます。みんなの入浴が終わったら、窓を開ける、換気扇をまわすなどして、浴室内の水気をできる限り早く追い出します。

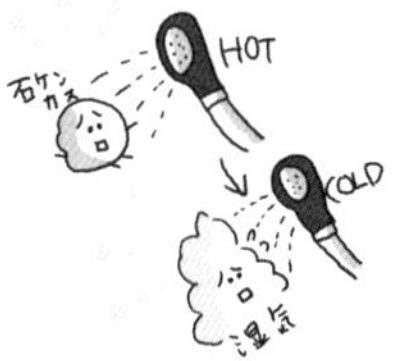

入浴後はお湯→水の順にかける

まずは、壁や床に残った石けんカスをお湯で洗い流します。そのままだと温度が高くカビにとっては好条件なので、その後水をかけて温度を下げます。

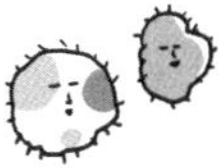

カビが生えてしまったら。

黒ずんだカビは時間が経てば経つほど落ちにくくなるので、見つけたらできる限り早く落とします。カビ取り剤は強いので、換気をしっかりしながらゴム手袋、マスク、できればメガネをかけて掃除します。

1、カビをしっかり落とすための下準備として、「浴室用洗剤」で石けんカスなどの汚れを落とす
2、水気を拭き取り、しっかりと乾かす
3、カビ部分に「カビ取り剤」をスプレー
4、10分（しつこいカビは30分）ほど置いてから、水で洗い流す
※目線より高い場所に生えたカビは、洗剤が目に入らないように注意が必要。スポンジや雑巾に洗剤をつけて、カビにぬりつける方法でおこなってください

洗面所

髪の毛や石けんカスなど、汚れがたまりやすい場所です。洗面台は「浴室用洗剤」をスプレーし、2〜3分置いたあとにスポンジや使い古した歯ブラシで軽く磨いて汚れを落とします。最後にから拭きすればピカピカに。鏡は「ガラス用洗剤」を使って磨きます。洗面所の床は髪の毛が多く落ちるので、ペーパーモップでこまめにお掃除。週に1回程度は、固く絞った雑巾で水拭きを。

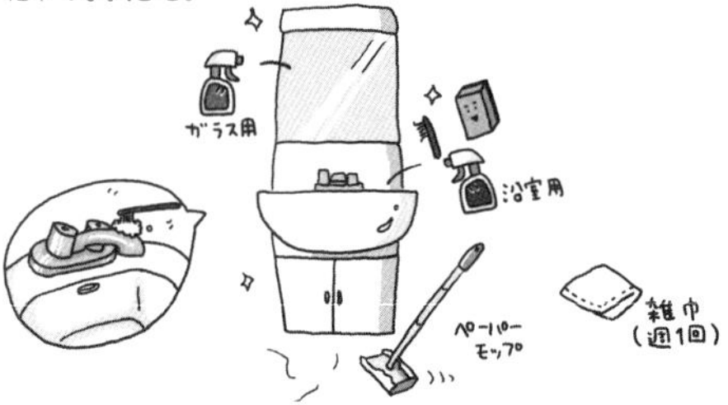

トイレ

汚れがついたらすぐに掃除しましょう。オシッコやウンチはすぐに落ちます。問題は、便器のフチの裏側につく黄ばみや黒ずみ。こびりつく前に汚れを落とします。

＊便器の内側

普段は、気になるところをブラシでこする程度で大丈夫ですが、週に1回は黄ばみ・黒ずみ対策でしっかりケアをします。「トイレ用消臭・洗浄剤」を汚れにかけ、ブラシでこすります。その後トイレの水を流せばOK。これでダメなら、湿布法を試してみて。

1、汚れ部分にトイレットペーパーをかぶせる
2、「トイレ用漂白剤」をまんべんなくかける
3、30分ほど置いたあと水を流す

※便器の外側・床・壁

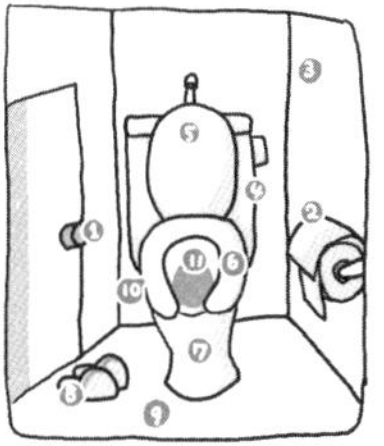

トイレ内の掃除に雑巾を使いまわすのはちょっと抵抗がありますよね。洗い流せるタイプのトイレ用ウエットシートなら、汚れを拭いたらそのまま捨てられるので便利です。「ドアノブ→ペーパーホルダー→壁→水洗タンク→便器のフタ→便座の表面→便器の外側→スリッパの裏→床→便座の裏面→便器の内側」と汚れの軽い順に拭きます。

 水うけ

ただ水を流しているだけなのに汚れていく水受け。普段は、ウエットシートで拭くだけでいいですが、次第に水中のカルシウムや鉄分などがホコリと一緒になって、黄ばんだり黒ずんでいくので、定期的なお手入れが必要です。

黄ばみ

1、水受けの穴を布などで栓をしてふさぐ
2、60〜70℃のお湯をはって「還元系漂白剤」を入れる
3、20〜30分ほどおいて、スポンジやブラシで軽くこする
4、栓をはずし、タンクの水を流す

黒ずみ

1、クレンザーをかけて、使い古した歯ブラシでこする
2、水は流さず、布で拭き取る
3、それでも落ちない場合は、目の細かい耐水性のサンドペーパーで軽くこする
※強くこすると傷つくので注意

ウォシュレット便器は注意!!

洗剤成分に弱いプラスチックを使用していることが多いので、洗剤を選ぶときは用途に「便座」と表記してあるものを。

はーい。これでぜんぶね
いつ来客があってもあわてなくてもすむように、お掃除がんばってね
掃除が行き届いている部屋は精神的にもリラックスできるわよ！
ふーっ〜!!
はい！今日はありがとうございました。家に帰ったらさっそく掃除します！
コケー！
お、めずらしく掃除か？
うふふふふ。いやーねぇ。あなたったら！キレイな部屋はココロの余裕をうむのよ〜ララァ〜♪
気持ちわりぃけどまぁ、キレイにする分にはいいか。気持ちわりぃけどさ……
うぷっ
さっさと着替えよう

洗濯の基本

ん?
このTシャツ
白い粉がついてるよ。
ちゃんと洗った?
えー。
ちゃんと洗ってるわよ。
どれ?
うーん。
これ
洗剤っぽいな
くんくん
おいおい
頼むよぉー
えー
なんでだろ?
困ったなぁ
あ!
そうだ!
せんたく
せっけん
そわそわ
いやぁ
また
会える
なんて!
えへへへ
洗濯についての
話を聞くために
また花王さんに
やってきちゃいました

言ってくれたら掃除のときに一緒にお話ししたのに！
すみません…あのときはそういう考えがなくって…
いいのよ！うちはまったく問題ないわよぉ～
ずらり
自社製品
お洗濯の話ね。今の洗濯機はすごいけど基本を知らないせいで結構失敗している人が多いみたいね
ほらー洗剤が溶け切れずに残っちゃうとかねーははは
!!
アハハ
プル
プル
・・・・・
ま、まぁ…さっそく基本から入りますかね

1 素材に適した洗剤を選ぶ

なんでもかんでも同じ洗剤を使っていませんか？
素材を傷めずにキレイに洗い上げるには、素材にあった洗剤を使うのが大事です。

普段着

基本的に汚れをしっかり落とす「弱アルカリ性洗剤」を使用。白く仕上げたいＹシャツなどは蛍光剤が入っているもの、色合いや風合いを守りたいときは、無蛍光と表示されている洗剤を選びましょう。やわらかく仕上げたいときは、柔軟剤を併用して。

色もの等
Yシャツに
無蛍光
OR
蛍光
ゴウン
洗濯の
基本
ゴウン

ウールマークやドライマーク表示のあるもの

生地が傷みやすいので「中性洗剤」を使用。また、普段着であっても、絵表示に「中性」と書いてあるものは、素材にかかわらず中性洗剤を使用。

とにかく白くしてくれ!!
おまかせを…

弱
40
中性
出番だ!!
中性

2 洗濯物を詰め込み過ぎない

洗濯の詰め込み過ぎは、汚れが落ちないばかりではなく、洗剤が溶けきれない原因になります。洗濯機の上限kgの8割を目安にします。

まだイケル!!
どっさり

これのせいだ!!

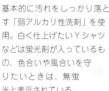

取り扱い絵表示にそって洗濯する

ほとんどの衣類には、その衣類に合った洗い方や絞り方、干し方などを示した絵表示がついています。洗濯する前に絵表示を確認し、適したお手入れをしましょう。

◇主な絵表示一覧◇

液温は40℃を限度とし、洗濯機による洗濯ができる

液温は40℃を限度とし、洗濯機の弱水流または弱い手洗いがよい

液温は30℃を限度とし、洗濯機の弱水流または弱い手洗いがよい。中性洗剤を使用する

液温は30℃を限度とし、弱い手洗いがよい（洗濯機は使用できない）

水洗いはできない

ドライクリーニングができる。溶剤はパークロルエチレン、または、石油系のものを使用する

ドライクリーニングができる。溶剤は石油系のものを使用する

ドライクリーニングはできない

ちょっとアドバイス！

この表示は、「ドライクリーニングしかできない」ではなく「ドライクリーニングができる」という意味。かならずドライクリーニングに出すという意味ではありません

塩素系漂白剤による漂白ができる

塩素系漂白剤による漂白はできない

手絞りの場合は弱く、遠心脱水の場合は短時間で絞るのがよい

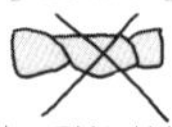

絞ってはいけない

絵表示の改正

2016年12月から国内外での洗濯表示が統一され、記号の種類も22種類から41種類に増えています。主な取扱方法を覚えておくと便利です。

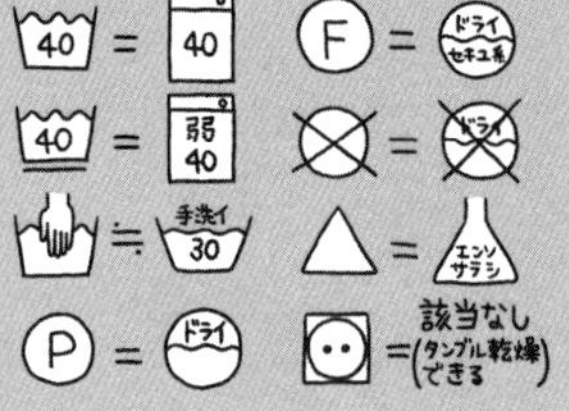

20℃〜40℃のぬるま湯で洗う

水が冷たいほど汚れ落ちが悪くなるので、可能ならばお風呂の残り湯などを利用してぬるま湯で洗濯しましょう。ただし、すすぎはキレイな水道水で。
※ウールを洗うときは30℃以下

定められた洗剤量を守る

「洗剤を多く入れれば、よく汚れが落ちる」わけではありません。むしろ、すすぎが不十分になり、衣類に洗剤が残ってしまいます。もちろん、もったいないからと洗剤の量を減らせば汚れ落ちは悪くなるので、洗剤容器に表示された目安を守ることが大切です。

洗濯ネットをうまく利用する

衣類の傷みや糸くずの付着を防いでくれる洗濯ネットですが、洗浄力が多少落ちます。型くずれしにくいものはネットに入れずにそのまま洗濯機に、汚れがひどいものは前処理をしてからネットに入れて。

目の粗いネット

衣類のからまり、型くずれ防止に。Yシャツ、Tシャツ、ニットなど

目の細かいネット

デリケートな衣類に。ビーズやスパンコールがついている衣服、ストッキングやランジェリーなど

★ ポイント ★

＊ボタンやファスナーは閉める
＊汚れの部分が外側になるようにたたんで入れる
＊洗濯物を詰め込み過ぎない。また、大物洗い用の大きなネットに衣類を詰め込まない
＊プリントやビーズ等の装飾があるもの、フリースなどの起毛素材は裏返して入れる

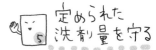

洗濯前の準備

① 洗濯物を仕分ける

＊「色の濃いもの」「白いもの」に分ける
＊「汚れのひどいもの」「汚れの軽いもの」に分ける
＊「洗い方」「使用洗剤」で分ける

② 汚れのひどい洗濯物の前処理をする

ポケットのゴミを出します。ドロ汚れや食べこぼしなどは通常の洗濯だけでは落ち切らないことも。前処理用の洗剤があるので、上手に利用して。

③ 洗濯ネットに入れる

④ 洗剤を入れて洗濯機をまわす

普段着以外の洗濯
3つの手洗い方法

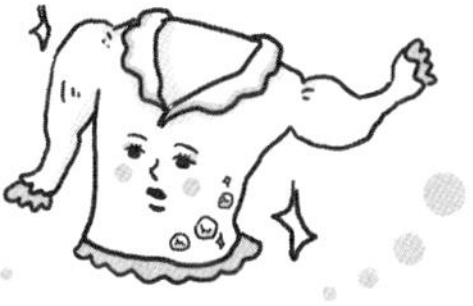

1. 押し洗い

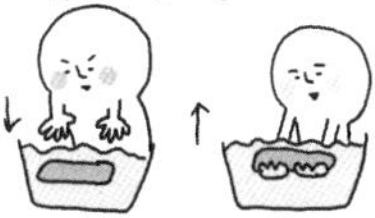

洗濯液の中で「沈めて」「浮かす」ように洗う

2. つけこみ洗い

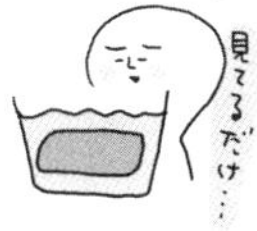

洗濯液につけ、衣類にはさわらないようにする

3. ふり洗い

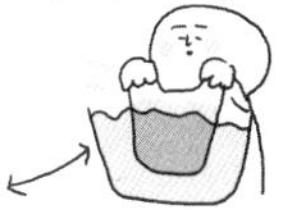

洗濯液の中で前後にふって洗う

手洗いのマークがついている衣類

洗濯機に「手洗い（ウール）コース」がある場合は、ネットに入れて脱水までお任せ。手洗いする場合は、次の手順で。

1、えりや袖など、汚れやすい部分を表にしてたたむ
2、中性洗剤で洗濯液を作り、衣類をつけて2～3分置く
3、やさしく20～30回「押し洗い」
4、洗濯機で15～30秒脱水
5、水につけ、10～15回ほど押してすすぐ。水をかえてもう一度すすぐ。柔軟剤を入れるときは、最後のすすぎのときに入れて約3分置く
6、洗濯機で15～30秒脱水して完了

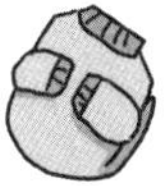

水洗い不可のマークがついている衣類

この絵表示がついていても、以下の条件を満たしていれば自宅で水洗い可能です。

*「アクリル」「ポリエステル」「綿」「ナイロン」素材のもの
*ビーズ等の装飾やシワ加工がないもの
*濃い色でないもの
*芯地を多く使っていないもの（スーツやコート、ネクタイはダメ）

洗濯機にドライマーク専用コースがある場合は、衣類をネットに入れて脱水までお任せ。手洗いの場合は次の手順で。

1、えりや袖など汚れやすい部分を表にしてたたむ
2、中性洗剤で洗濯液を作り、「つけこみ洗い」をする。衣類をひたし、15分置く
3、たたんだまま、洗濯機で15～30秒脱水
4、水につけ1分置いてすすぐ。水をかえてもう一度すすぐ。柔軟剤を入れるときは最後のすすぎのときに入れて約3分置く。いずれも衣類を押したり、ふったりせずそのまま置いておくだけに
5、洗濯機で15～30秒脱水して完了

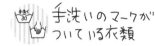

洗濯物を干す

脱水が終わったら、すぐに干すのが一番のポイント。濡れたまま放置しておくとシワがつき、染料がにじんで他の衣類に移る可能性もあります。絵表示をチェックして、適した干し方で。

① 大きなシワをのばす

軽くふりさばきます。

② 細かいシワをのばす

一度たたんで、手のひらでパンパンと叩いたあと、えりや袖口、ポケット部分などを引っ張り伸ばす。

③ 絵表示に沿った干し方をする

つり干しがよい

平干しがよい

日陰のつり干しがよい

日陰の平干しがよい

脱水時間を短く設定すれば、シワをかなり防ぐことができます

アイテム別 基本の干し方

ニット カットソーなど

伸びやすい素材の衣類は、ふりさばかずに軽く叩いてから平干しをします。専用の平干し台がない場合は、ピンチハンガーの上を利用しても。

Yシャツ Tシャツなど

ハンガーでつり干し。厚みのあるハンガーを使えば、乾く時間が短くなります。また、ハンガーにかけるときは、裾から入れて首部分を伸ばさないように。

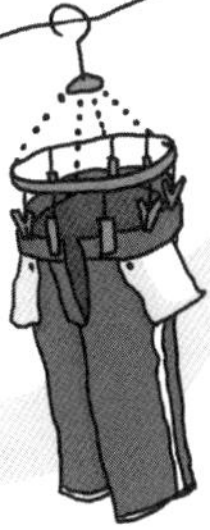

パンツ スカートなど

衣類を裏返し、筒状にピンチで留めて干します。早く乾き、色あせを防ぐこともできます。

部屋干しするときは

乾くのに時間がかかるため雑菌が繁殖し、臭いがしやすくなります。乾燥時間を短くするために次のことに気をつけて。

＊脱水が終わり次第、すぐに干す
＊洗濯物同士の間隔をあける
＊できるだけ風通しのいい場所に干す

※扇風機や除湿機、エアコンのドライ機能などを使って早く乾かすのも手です。また、少し湿っている程度であれば、アイロンをかけ乾かしても

季節の衣類や小物、ベッドシーツなどはひと工夫して洗濯機で洗うか、丁寧に手洗いをする必要があります。自宅で洗えるかを絵表示で確認して。

特殊アイテム別洗濯方法

弱ア … 弱アルカリ性洗剤
中 … 中性洗剤

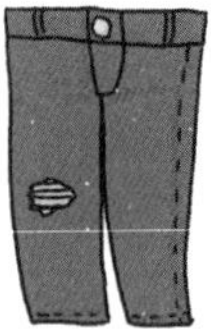

デニム製品 弱ア 中

1、ボタンやファスナーを閉じ、色落ちしないよう裏返す
2、汚れが気になる部分が表になるようにしてたたみ、洗濯ネットに入れる
3、色落ちしやすいので単独洗い
4、裏返したまま筒状にして陰干しする

スウェード製品

スウェードに水の使用は禁止。着たら専用のスウェードブラシか、固いナイロンブラシでブラッシングしておきましょう。

革製品・フェイクレザー 中

洗えないものが多いので、袖を通したらやわらかい布で全体を軽く拭くようにする。汚れが目立ってきたら、次の方法でお手入れをする。

1、中性洗剤を手洗い用の濃度に薄め、やわらかい布を含ませ固く絞る
2、全体を拭く。えりや袖口は念入りに
3、水で固く絞った布で丁寧に洗剤を拭き取る
4、やわらかい布でから拭きして水気を拭き取り、陰干しする
※表面が加工されていない革製品は、やわらかい布でから拭きのみ
※フェイクレザー製品は、水洗いできるものもあるので絵表示を確認

ダウンジャケット 中

1、ひどい汚れがある場合は、水を少し含ませたスポンジに中性洗剤の原液をつけて軽くたたいておく
2、洗濯機に水をはり、中性洗剤を溶かして洗濯液を作る
3、ダウンジャケットをつけ、手で押し洗いをする。汚れのひどい部分はスポンジでたたく
4、そのまま洗濯機で30秒脱水し、水をかえて2回すすぐ
5、洗濯機にもう一度水をはり、柔軟剤を入れ3分間置いたあと30秒脱水
6、陰干し&平干しが基本。羽毛は固まっていてもそのまま干す

7、ある程度乾いたら羽毛を手でほぐし、ハンガーにかける
8、乾いたらジャケットを両手ではさんでたたき、羽毛を均一にする
9、さらに2～3日室内干しをして、羽毛を完全に乾かす
10、あれば屋外で防水スプレーをする

コーデュロイ製品 中

1、ボタンやファスナーを閉じる
2、汚れが気になる部分が表になるようにしてたたみ、洗濯ネットに入れる
3、絵表示にそって洗濯。色の濃いものは単独洗い
4、脱水後、同じ方向に毛並みをそろえ、筒状にして干す

シフォンスカート 中

1、目立つ汚れがある場合は、中性洗剤の原液をつけて指で軽くなじませておく
2、洗いおけに水をはり、中性洗剤を溶かして洗濯液を作る
3、スカートをひたし、20～30回「ふり洗い」
4、すすぎも同じように水中でふりながら、水をかえて2回おこなう
5、洗いおけに水をはり、柔軟材を入れ3分間置いたあと30秒脱水
6、かるくたたいてシワをのばし、裏返して筒状に干す

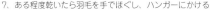

綿の帽子 弱ア 中

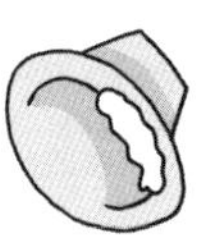

1、汗ジミがつきやすい内側のフチ部分に使用する洗剤の原液をつける。粉末洗剤の場合は少量の水で溶かすか、部分洗い用液体洗剤をつける
2、帽子がすっぽりとはまる大きさのプラスチック製のザルを用意し、帽子をかぶせる
3、ぬるま湯に洗剤をよく溶かし、ザルごと帽子をひたす
4、ブラシやスポンジで全体をこする
5、すすぎもザルにかぶせたまま、水をかえて2回おこなう
6、タオルで水気を拭き取り、ザルにかぶせたまま陰干しする

ウール製の帽子、手袋 中

1、汚れがつきやすい手袋の指先、帽子の内側のフチ部分に中性洗剤の原液をつける
2、洗いおけにぬるま湯（30℃以下）をはり、中性洗剤を溶かして洗濯液を作る
3、20～30回ほど押し洗いをして、15～30秒ほど洗濯機で脱水する
4、水をかえて2回すすぐ
5、タオルで水気を拭き取り、形を整えて陰干し＆平干しする

ストール・マフラー 中

1、フリンジがついている場合は、フリンジ部分が内側になるようにたたむ
2、洗いおけにぬるま湯（30℃以下）をはり、中性洗剤を溶かして洗濯液を作る
3、15分ほどつけこみ洗い
4、たたんだまま脱水。脱水槽が勢いよく回りだしてから20～30秒
5、洗いおけに水をはり、1分ほど置く。4、5を繰り返す
6、もう一度20～30秒脱水
7、形を整え陰干し＆Ｍ字干し
8、乾いたらフリンジ部分をブラシでやさしくブラッシング
※洗濯機の使用ができるものも多いので絵表示を確認

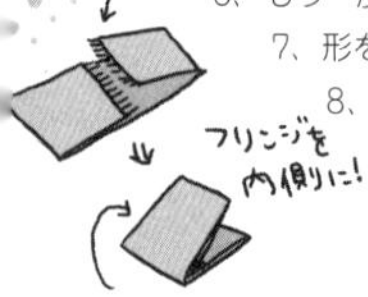

日傘

1、傘を広げ表面を軽く手で払い、ホコリを取る
2、水に中性洗剤を溶かして洗濯液を作る

3、スポンジに洗濯液を含ませ、ケバ立てないようにやさしく洗う
4、シャワーですすぐ
5、傘を広げたまま陰干しする

スカーフ

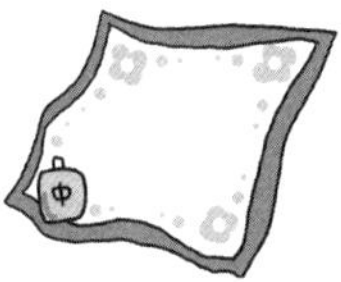

1、バスタオル、アイロンを用意する
2、目立つ汚れがある場合は、中性洗剤の原液を数滴たらし指で軽くたたいておく
3、洗いおけにぬるま湯（30℃以下）をはり、中性洗剤を溶かして洗濯液を作る
4、両端を持ち、手早く「ふり洗い」
5、すすぎも同じように水中でふりながら、水をかえて2回おこなう
6、手で軽く押して絞ったあと、バスタオルにはさんで水気を吸い取る
7、干さずにすぐにアイロン（中温）をかける

ファー製品

袖を通したら、毛並みにそってブラシをかける。濡れたらタオルで拭いてから陰干し。汚れが目立ってきたら、次の方法でお手入れをする。

1、中性洗剤を手洗い用の濃度に薄め、やわらかい布を含ませ固く絞る
2、一方向にそってやさしく拭く。終わったら逆方向も
3、水で固く絞った布で丁寧に洗剤を拭き取り、陰干しする
※3年に1度は、クリーニング店に出しましょう
※フェイクファー製品は、水洗いできるものもあるので絵表示を確認

浴衣 中

1、たもとにたまっているゴミやホコリを取る
2、汚れがひどい部分に、使用する洗剤の原液をつける
3、身ごろを屏風だたみして（裾が表にくるように）、ネットに入れる
4、洗濯機の「手洗い（ウール）コース」で脱水までおこなうか、「弱水流」で洗い、30秒ほど脱水する
5、両手ではさんでたたき、シワをのばし、形を整える
6、ハンガーを3箇所に入れ、2つ折にして陰干しする

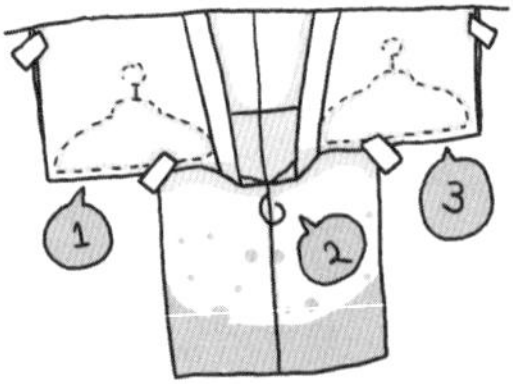

水着 中

1、脱いだらすぐに水道水で軽く洗っておく。家に帰ったらできるだけ早く洗濯を
2、洗いおけにぬるま湯（30℃以下）をはり、中性洗剤を溶かして洗濯液を作る
3、やさしく「押し洗い」をする
4、すすぎも同じように水中で押しながら、水をかえて2回おこなう
5、洗濯機で15秒ほど脱水
6、形を整えて陰干し

ぬいぐるみ 弱ア 中

1、リボンや服など外せるものは外し、目の粗いネットに入れる
2、洗濯機の「手洗い（ウール）コース」で脱水までおこなうか、「弱水流」で洗い、30秒ほど脱水する
3、手で軽くたたいて形を整え、風通しの良いところで陰干しする
4、毛足の長いものは、ある程度乾いたらブラッシング
5、中が完全に乾くまで2～3日陰干し

カーテン

1、金具を外し屏風だたみにして、大きいネットに入れる
2、洗濯機の「手洗い（ウール）コース」で脱水までおこなうか、「弱水流」で洗い30秒ほど脱水する
3、カーテンレールにかけ、形を整えて干す。せっかく洗ったカーテンが汚れないよう、金具や窓をしっかり拭いておきましょう

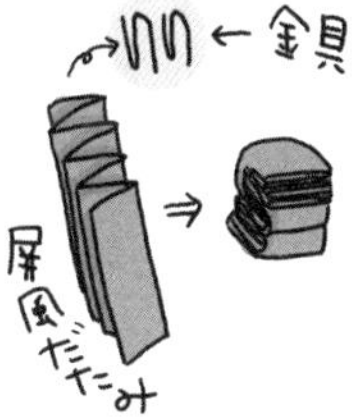

ベッドパッド、毛布

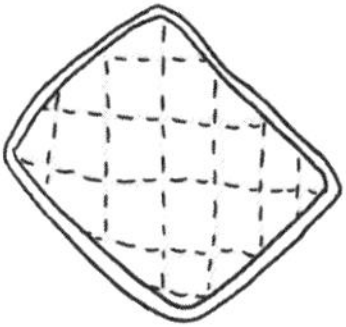

1、汚れている部分を表にして、屏風だたみする
2、洗濯機マークがあるものは、「毛布コース」「大物コース」などで脱水まで、手洗いマークのものは「手洗い（ウール）コース」で
3、形を整え、M字干しする

シーツ、布団カバー タオルケット

1、汚れている部分を表にして、屏風だたみする
2、洗濯機の「標準コース」で脱水までおこなう
3、形を整え、M字干しする

！洗濯機に入らない場合！

ふみ洗い

1、浴槽に10センチほどぬるま湯（30℃以下）をはって、洗剤をよく溶かす
2、屏風だたみにしたベッドパッド等をひたし、踏み洗い
3、浴槽に15センチほどぬるま湯をはってすすぐ。水が透明になるまで数回繰り返す
4、水を抜き、足で踏んで水気を切る
5、形を整え、M字干しする

水気を切る

シミ抜き方法

外出先でシミをつけてしまった場合は、その場でできる限りの処置をしておきます。家に帰ったら、すぐに本格的なシミ抜きを。

応急処置

しょうゆやコーヒーなど油分を含んでいないもの

1、水にしめらせたティッシュペーパーでシミを軽くぬらす
2、シミの裏側にハンカチなどをあて、乾いたティッシュなどでトントンと叩きハンカチにシミを移す
3、ハンカチの位置をずらしながら繰り返し、最後に水分をよく拭き取る
※決してこすらないように！

口紅やドレッシングなど油分を含んでいるもの

1、ティッシュペーパーで押さえるようにして油分を吸い取る
2、ティッシュペーパーをしめらせ、石けんを少量つけてシミになじませる
3、シミの裏側にハンカチなどをあて、しめらせたティッシュなどでトントンと叩きハンカチにシミを移す
4、ハンカチの位置をずらしながら繰り返し、最後に水分をよく拭き取る
※決してこすらないように！

シミ抜き方法

まずは、色落ちするかどうか確認。目立たない部分を水でぬらし、白い布などをあてて軽くもんでみて。色が移るようなら、クリーニング店に持っていって相談を。
シミの種類によって落とし方が違うので、注意して。

シミの種類	処理方法
しょうゆ・コーヒー・ケチャップ	①→②→③
血・インク・紅茶・ワイン	①→③
口紅・ファンデーション・チョコ・ボールペン	②
カレー・ミートソース・ドレッシング	②→③

＊用意するもの＊タオル、歯ブラシ（綿棒、指にガーゼを巻いても）
1、乾いたタオルの上に、シミのついた部分を下にして置く
2、歯ブラシを水にしめらせ、シミの外側から内側に向かってトントンたたき、下のタオルにシミを移す
3、タオルをずらしながら、タオルにシミがつかなくなるまでおこなう
4、乾いたタオルで水分を吸い取り、自然乾燥させる

＊用意するもの＊タオル、歯ブラシ、衣料用中性洗剤か食器洗い用洗剤
1、乾いたタオルの上に、シミのついた部分を下にして置く
2、歯ブラシに洗剤をつけ、シミの外側から内側に向かってトントンたたき、下のタオルにシミを移す
3、タオルをずらしながら、タオルにシミがつかなくなるまでおこない、水ですすぐ
4、乾いたタオルで水分を吸い取り、自然乾燥させる

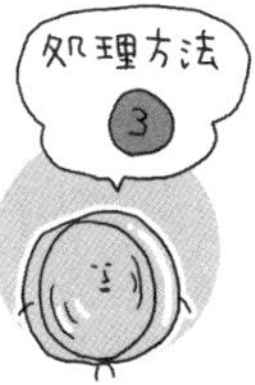

＊用意するもの＊洗いおけ、漂白剤
1、洗いおけに水をはり、漂白剤を溶かす
2、衣類をひたして、しばらく置く。途中様子を見ながら、2時間を上限にシミがある程度消えるまで
3、洗いおけに水をはり、水をかえて2、3回すすぐ
4、脱水機にかけたあと乾かす

アイロンがけの基本

ありがたい!!
ついでにアイロンのかけ方も紹介！

シワのない服を着ている人は、それだけで印象がいいから不思議。夫のＹシャツくらいはビシッとアイロンをかけてあげたいですよね。

1. 取り扱い絵表示にそってかける

生地をいためてしまわないよう、素材に合った温度でアイロンをかけましょう。アイロン仕上げの絵表示も洗濯絵表示同様、2016年12月から新表示が導入されています。

高 または
中 または
低 または

アイロンは210℃を限度とし、高い温度（180℃から210℃）でかけるとよい	アイロンは160℃を限度とし、中程度の温度（140℃から160℃）でかけるとよい	アイロンは120℃を限度とし、低い温度（80℃から120℃）でかけるとよい	マークの下に波線があるときはあて布をしてアイロンをかける	アイロンがけは、できない

2. スチームとドライを使いわける

ドライは主に、アイロン用スプレーや霧吹きを使うときや合成繊維にかけるときに使います。

ドライ

スチームは、ズボンに折り目をつけたり、ウールなどのシワを伸ばすときに使います
スチーム
ブォー

3. アイロンをかける部分によって、かけ方をかえる

シャツの身ごろやシーツは、一方向に軽くすべらすように。

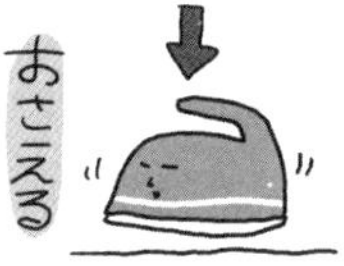

折り目をつけるとき、面積の小さい部分は、真下に向かって軽く押さえる。

セーターなどをふんわりしあげたいときは1センチほど浮かせてスチーム。

4. 細かい部分から広い部分へ

広い部分はシワができやすいので、細かい部分をかけてからの方が効率的です。Yシャツはえりや袖口から、ズボンは裏返してポケットや腰まわりからアイロンをかけるようにしましょう。

5. アイロン後は冷ましてから

衣類が熱を持ったままだと、湿気でシワがつきやすくなります。しばらくハンガーにかけて冷まし、温度が下がってからたたみましょう。

アイテム別アイロンのかけ方

ハンカチ

1.布目を見る

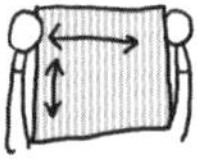

両端を持って横に引っ張る。伸びない方が縦糸の方向

2.両角

右上、左上の角をアイロンの先を使ってかける

3.全体

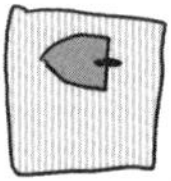

縦糸方向にアイロンをすべらせる。型崩れしてしまうのでななめにはかけないで

Yシャツ

「形態安定加工」のものは、「肩→そで→右前身ごろ→後ろ身ごろ→左前身ごろ」のみでOK

1.えり

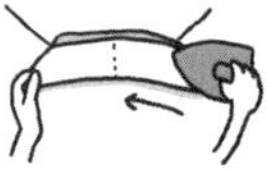

先に裏からかける。えりの縫い目を引っ張りながら、両端から中心に向かってかける。終わったら表も

2.肩

縫い目を引っ張りながら、内側からかける。タック部分はキレイに整え、押さえるように

3.そで口

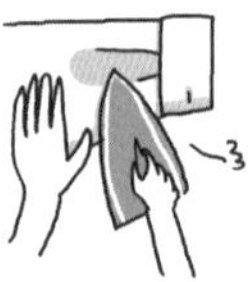

えりを立て、アイロン台の角に肩部分を引っ掛けてかける。細かい部分はアイロンの先を使って

各部の呼び方

前
えり
ヨーク
袖
タック
そで口
前身ごろ

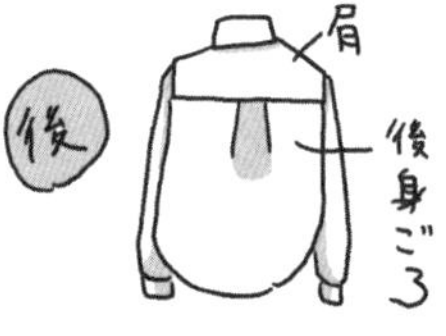
後
肩
後身ごろ

スカート

1. スカートのうら側

裏返して、縫いしろ部分を裾から腰に向かってかける。裏地もさっと

2. スカートの表側

表に返し、全体を裾から腰に向かってかける。ウエスト部分がかけにくい場合はタオルを入れて

! フレアスカート

布を引っ張り、布目を確認。アイロンは縦か横方向へ。ななめ方向にかけると生地が伸び、型崩れの原因に

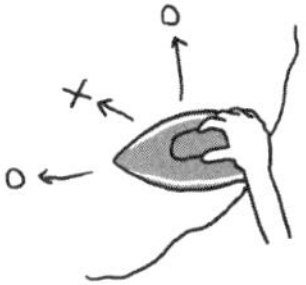

! プリーツスカート

ひだを整え、洗濯バサミで裾をとめてかければ、キレイなプリーツに

4. そで

そで下にある縫い目を元に形を整え、縫い目部分を脇に向かってかけたあと、そでぐり、そでやまの順にかける

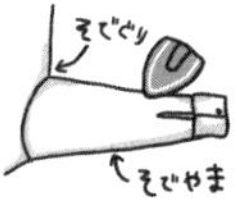

5. 右前身ごろ

脇の縫い目を引っ張りながら、全体にかける。ボタンまわりはアイロンの先を使って押さえるように

6. 後身ごろ

ゆっくりと動かし、全体にかける。タック部分はキレイに整え、押さえるように

7. 左前身ごろ

前立てを引っ張りながら、全体にかける。最後にポケットを外側から内側にかける

ズボン

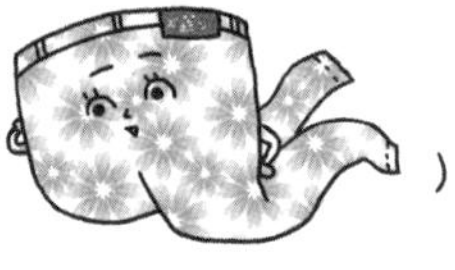

1.裏の腰まわり

ズボンをひっくり返してポケット布、腰まわりをかける

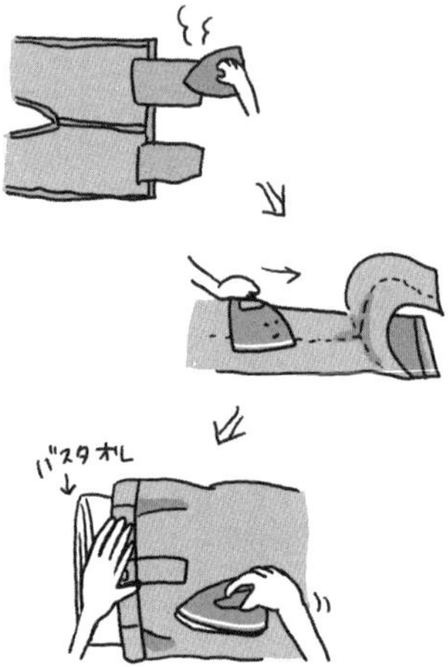

2.裏の股下

縫い目を押さえながら、裾から腰に向かってかける

3.前タック、ポケット口

表に返し、バスタオルを中に入れる。前タックを整え、押さえるようにかける。ポケット部分もアイロンの先でしっかりと

4.ラインを整える

縫い目同士をキレイに合わせ、アイロン台の上に整えて置く。片方をめくって、裾から腰に向かってかける。めくった部分も元に戻し、同様にかける。終わったらひっくり返して反対も

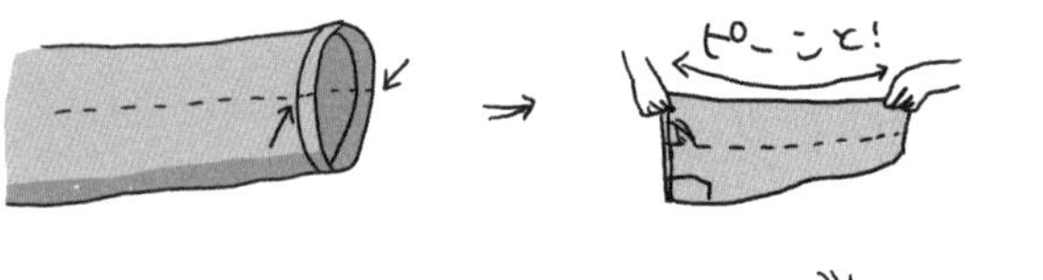

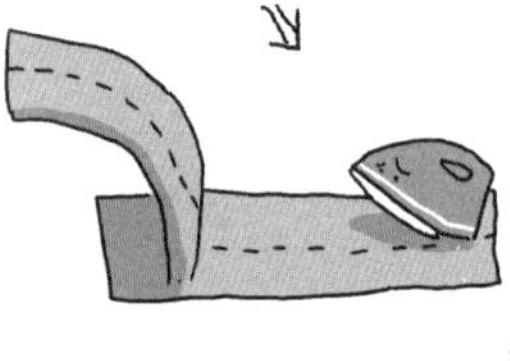

気を付けたいパーツ♪

フリル

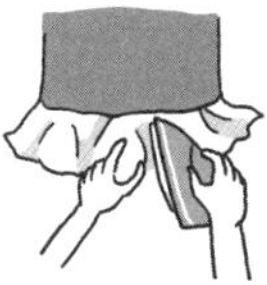

ラインをつぶさないよう、あいている方の手で広げながら、アイロンの先を使って細かく動かす

ビーズやスパンコールに

直接アイロンをあてないように。下にタオルを敷き、裏からスチームアイロンで軽く押さえる

テカってしまった衣類は…

あて布をしないでアイロンをかけたり、体重がかかったりすると、繊維が寝てしまいテカってしまいます。ひどくなると元に戻らなくなるので、軽いうちにお手入れをしましょう。

ウール

浮かせてスチームアイロンをかける

学生服など

固めの歯ブラシで繊維を起こすようにこすったあと、あて布をして浮かせながらスチームアイロンをかける

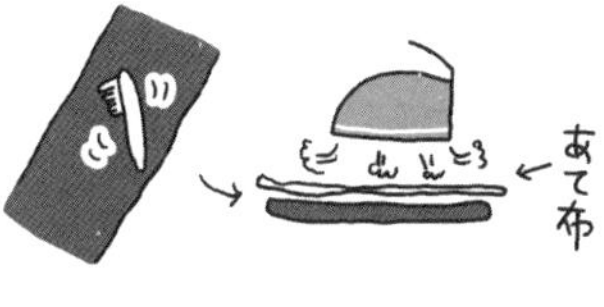

コラム4

布団類&ベッドのお手入れ

寝床は人生の1/3近くを過ごす場所。いつでも気持ちよくしておきたいものです。家族が快眠できるよう、こまめに手入れするようにしましょう。

布団類

晴れた日の10～14時に干すようにしましょう。ただし、その日の天気が良くても前日が雨だった場合は湿気が多いので干さないようにして。また15時以降も湿気が多くなるので、取り込み忘れには注意。羽毛布団は湿気をためにくく直射日光を嫌うのでこまめに干す必要はありませんが、たまに「陰干し」をするとふっくらとします。布団の繊維が傷んでしまうので、取り入れるときは叩かずホコリを払う程度に。また、ダニは干しただけでは死なないので掃除機で吸い取るようにしましょう。

シーツ類

シーツ類は肌に直接あたるので、汗やよだれでかなり汚れています。2～3日に1回洗濯できればベストですが、難しい場合は週に1回を目安に洗うようにしましょう。

ベッドのマットレス

マットレスにもダニや湿気が…。でも布団と違って、マットレスは重くてそう簡単には干せません。「マットレスとベッドシーツの間にベッドパッドを敷く」「ときどき立てかけて風を通す」だけでずいぶんと快適になります。
もちろんベッドパッドはこまめに（週に1回）取り替えるようにしましょう。
またマットレスは3ヶ月に1度180度回転させるようにすると、へこみが分散されて長持ちします。

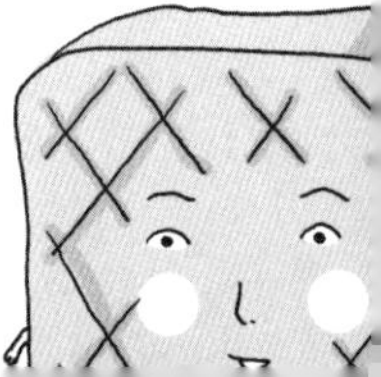

6

家事のこと

収納の基本編

収納の基本
最近、妻は主婦業に精を出している
入江 夫
そうじ
ズゴー
いやだ奥さんたら…
オホホホホホ…
ご近所付き合い
家計管理
ニヤリ
タタタター
料理
すばらしい。以前のあいつからは想像もできん
でも、困っていることもある…
ねぇ、ハサミってどこにあるっけ？
右から2番目の引き出しの上から3段目
ここか…？
うっ…
ぴっちり
バラ
バラ
なだれ
終わったらちゃんと元通りに戻しておいてね
二度と戻せねぇ
またあるときは…

ふんふ〜ん♫
食器拭いておいたよ。これどこに戻す？
そのまま置いておいて。私にしか分からないと思うから
コツがあるのよね…
そう。キレイ好きになったのはありがたいんだけどキッチリ物をしまいすぎていて生活がしにくいような…
ねぇ、ちゃんと片付けるのはいいと思うんだけど
なんていうか何がどこにあるのか分かりにくいっていうかさ…
ピクッ
ギロリ
あ、いや。非常にがんばられていて助かっているのですがたまに困ることがありまして…
なによ！がんばってるのに文句を言われるなんて…。
ごめん。そういうつもりはなかったんだけど…。ごめん
ふん！

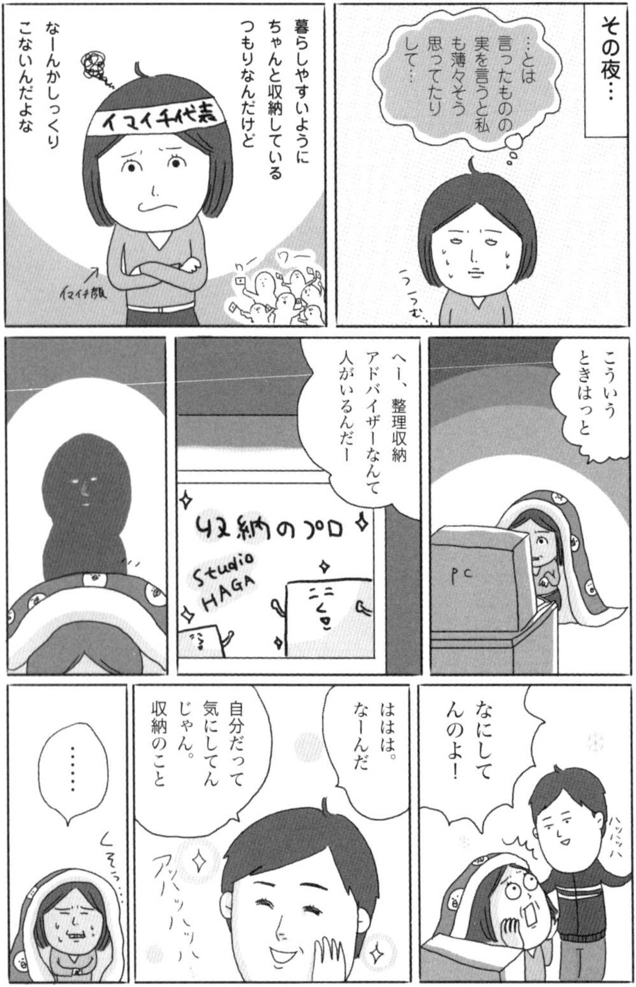
その夜…
…とは言ったものの実を言うと私も薄々そう思ってたりして…
ううむ…
暮らしやすいようにちゃんと収納しているつもりなんだけど
なーんかしっくりこないんだよな
イマイチ代表
イマイチ顔
ワー
ワー
こういうときはっと
PC
へー、整理収納アドバイザーなんて人がいるんだー
収納のプロ
Studio HAGA
なにしてんのよ!
ハッハッハ
ははは。なーんだ
自分だって気にしてんじゃん。収納のこと
アッハッハッハ…
……
くそう…

というわけで整理収納アドバイザーの芳賀さんのもとを訪れました
ピンポーン
芳賀
こんにちはー。今日はわざわざ家までお越しいただいてすみません
いえいえ
す、すごい。モデルルームみたいに片付いてますね
ピカーン
ははは。まぁ、それが仕事だもの！
私も雑誌とかに載っている収納術とか試してみてはいるんですけどなんだかキレイにすればするほど生活しにくくなっちって…
超収納
GOOD!!
技 20
収納Book
そういう人って結構多いのよ
雑誌で紹介してあるテクニックは使えるものも多いけどライフスタイルによっては使いづらいこともあるのよ
ひとまずBOX
気付いた時には山もりに!!
ひとまずBOX
スキマ収納
取り出しにくい…

収納の基本

収納は基本を押さえたうえで、自分のライフスタイルに合うようアレンジすることが大事よ

その1. 家族みんなが使いやすい収納に

いくら自分が収納場所を把握しても、やはり家族全員にとって「出しやすく」「しまいやすい」収納でなければ生活が不便になってしまいます。
「日用雑貨の備品は1箇所に集め、一目瞭然にしておく」「みんなが使うコップは、子どもの背の高さも考えて低めの位置に」など、家族構成を考えながらある程度の収納ルールをつくり、「使ったら戻す」習慣をつけましょう。

その2.「収納する」ことより「使用する」視点で

物は使ってこそ意味があります。たとえ10センチの隙間にキレイに収納できたとしても、それによって使う頻度が低くなってしまっては本末転倒。
物を詰め込むよりも、「いかに使いやすい場所に収納するか」です。そのためには「そのものを使う場所の近くにしまう」「一緒に使うものは一緒にしまう」ことが大事になってきます。

お風呂

★バスタオルや下着は浴室付近に

ゴミ袋

★ゴミ袋はゴミ箱の近くに

✿おくやみセット
（数珠・白いハンカチ・黒ストッキング
ふくさ・黒いフォーマルウエア・
バッグ・お香典袋）

✿手紙セット
（切手・ペン・封筒・便せん）

その3.使用頻度を考えた収納場所に

よく使うものほど、アクションができるだけ少なくてすむ場所に置きます。また、「重さ」によって場所を考える必要もあります。よく使うものでも、あまりにも重いものは下の方に置き、体への負担を少なくしましょう。

使いやすい収納の高さ	使用頻度	クローゼット・押し入れ	キッチン
踏み台が必要	たまにしか使わない「軽い」もの	旅行かばん・スキー用品等季節のものなど	重箱等季節のものなど
手を伸ばせば届く	比較的よく使うもの	帽子・かばん・救急箱など	計量器・お茶類・食材ストックなど
取り出しやすい（目線～腰）	日常的に使うもの	普段着・下着・布団・文房具など	食器・コップ類・ボウルなど
しゃがむ必要がある	たまにしか使わない「重い」もの	シーズンオフの衣類・新聞・掃除機・ミシンなど	土鍋・ホットプレートなど

＊コの字ラック
（上下の空間を利用）

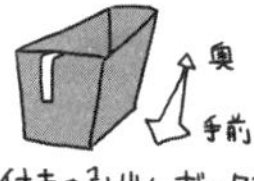

＊取っ手付きの引出しボックス
（奥と手前の空間を利用）

押し入れなど奥行があるものは、「手前」と「奥」でも使いやすさが違います。よく使うものほど手前に置くように。手前に置くものが細かいものの場合は、ボックスなどにひとまとめに入れ、ボックスを引けば奥のものがすぐに取り出せるように工夫をしましょう。

その4.年に1度は不用品の処分をする

究極の収納術は「モノをできるだけ少なくする」こと。日本家屋の収納スペースは家全体の約30％と言われています。つまり、家賃や住宅ローンの30％を「物置き場」に払っていることに…。物に支配されないためにも、年に最低1度は収納を見直しましょう。その際は、「いるか」「いらないか」ではなく、「使うか」「使わないか」で見直すのがポイント。

1年間で1度も使用していない衣類、食器類などは思い切って捨てる覚悟を持って。また、どんどん増える本やCDは「この棚に入るぶん以外は処分する」などルールを決め、シンプルな収納を目指してください。捨てるか迷うものは1箇所に集め「○月○日」までに使わない場合は捨てると期限を決めて。

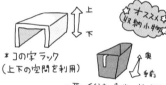

衣類 たたむ

たたんで収納するときは、「引き出しの深さに合わせて、立てる」のが基本です。1枚取り出したら他の衣類が崩れてしまわないように、ブックエンドなどで仕切るといいでしょう。以下を参考にしながら、収納場所の大きさに合わせてたたみます。

☆Tシャツ・ポロシャツ☆

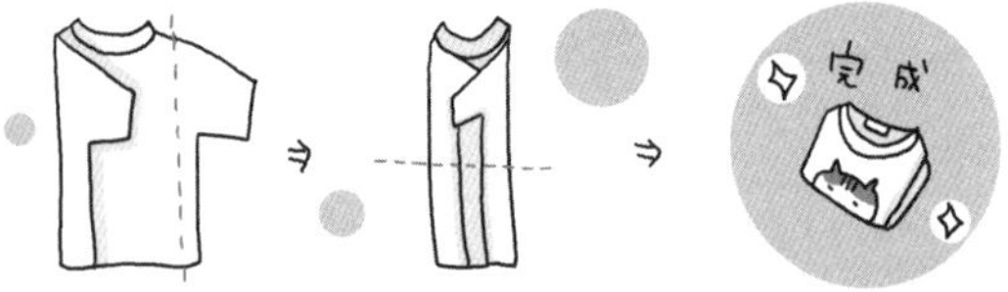

1、ボタンがある衣類は留め、裏向きにして両袖をつけ根から折る

2、裾と肩を合わせ2つ折にする

☆シャツ.ブラウス

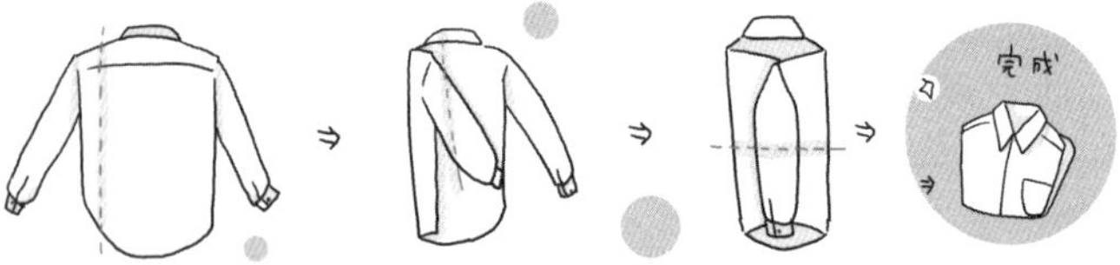

1、ボタンがある衣類は2箇所程度ボタンを留め、裏向きにして両袖をつけ根から折る

2、わきの線に合わせて折り返す

3、裾と肩を合わせ2つ折にする

☆ズボン

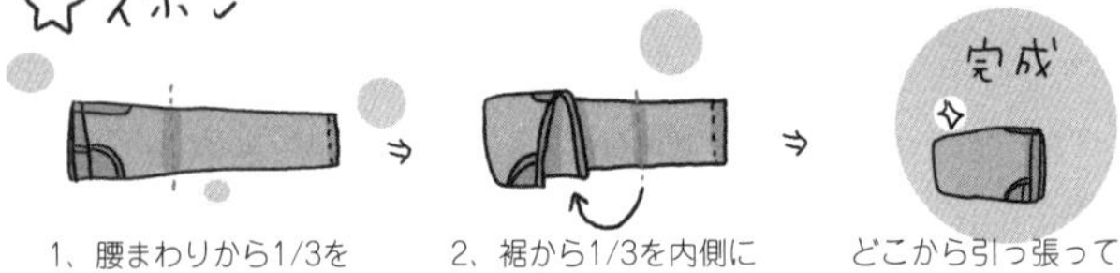

1、腰まわりから1/3を内側に折りたたむ

2、裾から1/3を内側に折りたたみ、ウエストの折り目の間に挟む

どこから引っ張っても崩れません！

☆くつした☆

1、左右の靴下を重ね、3つ折（長い場合は4つ折）にする
2、ゴム部分を広げ、全体をくるむようにひっくり返す
※短いソックスは2つ折だけでOK
※フットカバーは左右を重ね合わせて2つ折

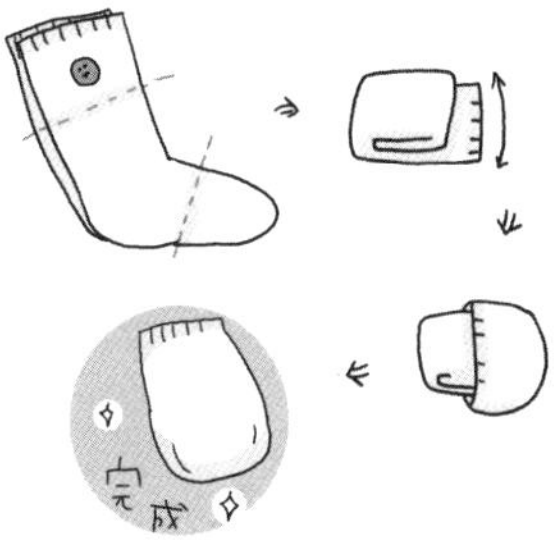

☆ストッキング☆

1、縫い目に沿って両足を重ねる
2、縦に2回折りたたむ
3、さらに縦に3つ折をする
4、ゴムの部分を広げ、全体をくるむようにひっくり返す

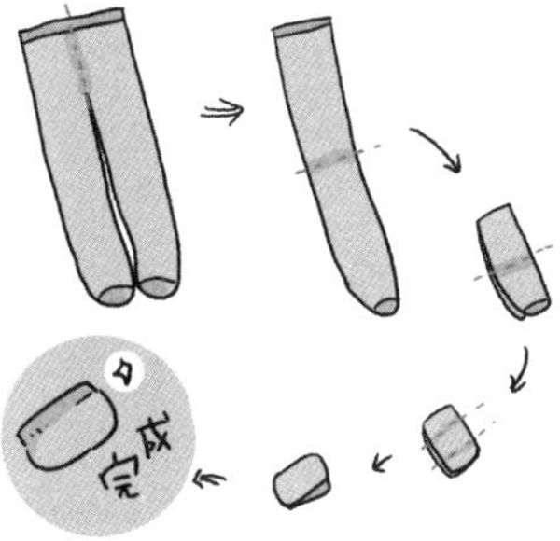

☆ブラジャー☆

1、ホックをはずした状態で中央から2つ折にする
2、左右のベルト部分をカップの裏に折りこむ
3、肩ヒモを8の字を描きながらカップに巻き付ける

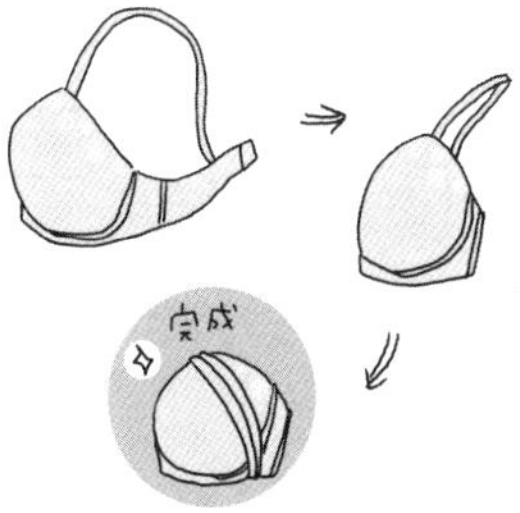

☆ショーツ・トランクス☆

1、片側1/3を内側に折りたたむ
2、縦に3つ折にして、ゴム部分に裾を入れ込む

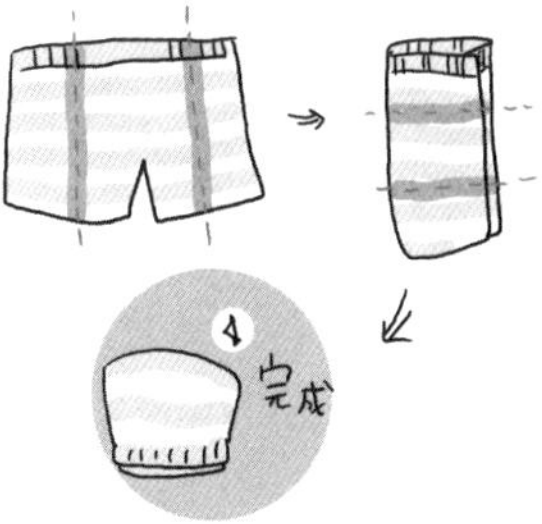

衣類

吊す

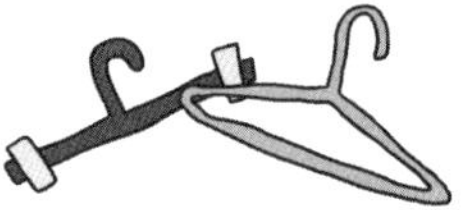

適当に吊すと型崩れを起こし、ギュウギュウに吊すとシワがついてしまいます。ハンガーの形に合わせてかけ、8割収納を常に心がけて。
また、着た後はすぐに収納せずに、ホコリを払いしばらく風通しの良い場所に置いて湿気をとってからにしましょう。

☆スーツ・ジャケット

あつめ
2つ折りにする場所は吊すごとに変え、折り目がつくのを防ぐ。

肩の線をハンガーと合わせる
ポケットに入ってるものを取り出す
ボタンを一箇所留める

☆カットソー・ワンピース

肩の線をハンガーと合わせる
装飾がある場合は、隣の衣服との間に余裕を持つ

☆スカート

生地がデリケートなものは、あとがつかないようにあて布を挟む
ウエストのシワをのばし、ピンとした状態で吊す

☆ネクタイ・ベルト

ネクタイ専用のハンガーが便利。引き出しに収納したい場合は丸めて入れる。

☆帽子☆

ニット帽などシワになりにくいものを芯にして、帽子を重ねる。

☆靴☆

オフシーズンの靴やあまり履かない靴は、使わないときは靴箱に入れて収納。重ねられるので下駄箱以外にも収納できます。靴箱に入れる前は必ず手入れをして、型崩れしないように紙で作った詰め物を入れて。

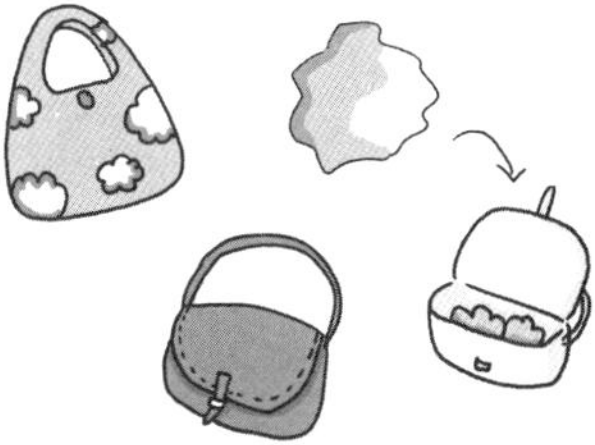

☆バッグ

型崩れしやすいので、つぶれないように詰め物をして。印字された紙を使う場合は、インクが移らないように一番表だけは白い紙にする。革製品は特にカビが生えやすいので箱から出し、通気性の良い袋に入れて収納。

☆アクセサリー

ピアス（左右を入れ合わせる）や指輪は、ピルケースのように細かく仕切られたケースに入れるのがGOOD。ネックレスは吊して収納すると絡まりません。

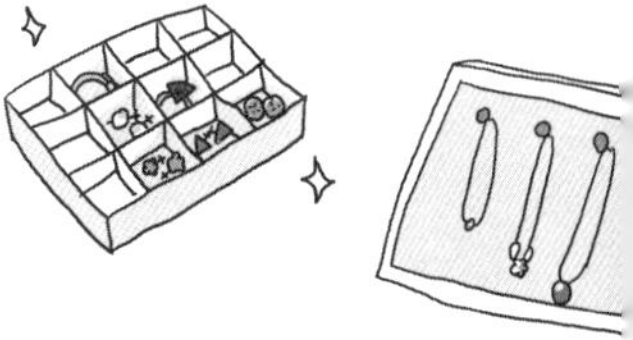

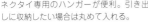

衣替え

面倒だからといって手を抜いて衣替えすると、衣類が黄ばんだり、虫がついて穴が開いたりします。大切な衣類を長く着るために、基本を押さえて長期の収納をするようにしましょう。
また、衣替えは衣類の処分をするのにいい機会。今シーズン着なかった服、着古した服などを見定め、思い切って処分して。

衣替えの流れ
3月 厚手のコート類をしまう
4月 冬物全般をしまい、春物を出す
6月 夏物を出す
9月 夏物をしまい 秋・冬物を出す
10月 厚手のコートを出す

◎衣替えの基本◎

① 洗濯してから（クリーニングに出してから）しまう

一度袖をとおしたものは、必ず洗濯してから収納するようにします。見た目はキレイでも汗などがしみ込んでおり、そのまま長期収納すると、黄ばみや虫食いの危険性が。クリーニングに出した衣類はビニール袋がかかって戻ってきますが、そのまま収納すると湿気がこもりカビが生えやすくなってしまいます。ついているビニール袋は取ってから収納します。

ビニールはとってから。

虫
黄ばみ
カビ

② ゆったり収納する

収納ケースにパンパンに入れるのはご法度。型崩れやシワがつきやすくなり、せっかく入れた防虫剤の効果も薄れてしまいます。ケースの8割を目安にしましょう。

③ 使う防虫剤に注意する

防虫剤は「ナフタリン」「しょうのう」など数種類に分けられます。それらを同時に使うと化学反応を起こしシミになったり、場合によっては衣類が溶けてしまうことも。1箇所に1種類の防虫剤を使うようにしてください。

④ 着る人の服でまとめる

「夫用」「妻用」「子ども用」といったように個人別で収納します。コートはコート、ニットはニット等、衣類別で収納をすると、次に取り出したときにまた仕分けしなければいけません。

キッチンまわりの収納

食品類

調味料類は、使い勝手を考えてガスコンロまわりに。湿気を含みやすいものが多いので、流し台の下は避けて。

カトラリーなどの小物

引き出しに収納。フォーク・スプーン・輪ゴム・箸置きなど種類ごとに分ける。仕切りがついていない場合は、いらない小箱などに入れて。

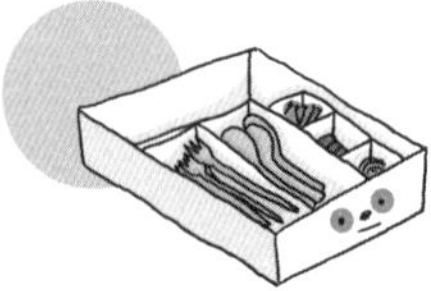

食器類

同じ大きさ、深さのものは重ねて収納。よく使うお茶碗やお椀などほど、取り出しやすくしまいやすい場所に。

調理器具

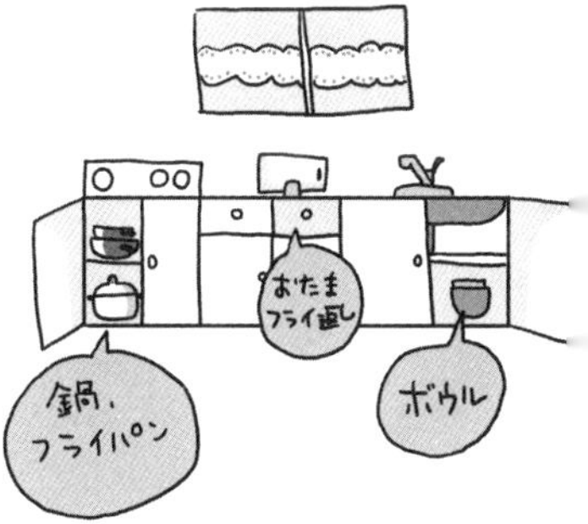
おたま
フライ返し
鍋、
フライパン
ボウル

手際よく調理するために、ガスコンロの近くにはフライパンや鍋、おたまなどを収納し、シンクの近くにはボウルやまな板を置く。

すきすきが
ちょうどいい!
氷温室
立てて、
詰めこんで
!!

冷蔵庫

早く食べる必要があるものほど手前に置くように。冷蔵庫は詰めこみすぎると庫内の温度があがってしまうので、スキスキがちょうどいいくらい。逆に冷凍庫は開けたときに冷気が逃げないように、詰め込んでもOK。引き出し式の冷凍（冷蔵）部分は、「立てて」収納が基本。

使いやすく収納したら
心なしか
料理のウデも
上がった
気がする・・・
それは
気のせい
みたいだよ・・・

その他

来客用の布団セットは、圧縮袋に入れて保管。日常使いの布団を押し入れに収納する場合は、下と側面にスノコを敷き、空気がこもらないようにして。

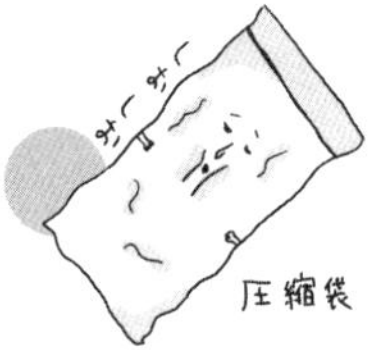

診察券・母子手帳・健康診断結果など

子どもの作った作品、賞状、通信簿など

領収書・振込み明細・割引チケットなど

取扱説明書や契約書など、どんどん増えていく書類は、ポケット付クリアファイルでの収納が便利。「お金」「健康」「取扱説明書」「契約書」「役立ち情報」「思い出の品」など自分が使いやすいカテゴリに分けて収納します。
新しい情報から手前に入れるようにしておけば、古い情報が自動的に後ろに送られ処分がしやすくなります。

一時置き場

エプロン、部屋着、パジャマなど、「洗濯はまだしないが、一度着たもの」を入れるバスケットなどを各自の部屋ごとにおくと便利

収納方法は、万人にとっての正解はないの。それもあって誰かから収納について教わる機会ってあまりないいんじゃないかな
ないです ないです
収納っていうのは、基本を押さえたうえで、家の間取りや家族構成などから自分なりのベストな方法を見つけていくしかないのね
家族構成
間取り
収納の基本
自分の生活スタイルを持ってモノの持ち方を見直すこと。これが一番大事よ
ふむ・・・
答えは「自分の生活スタイルを持つ」ってことか
え、ええ…そうよ…
分かりました！ホントありがとうございます
大丈夫?
翌日…
よし、さっそくうちにあった収納方法を見つけるぞ！
れっつ・マイ・生活・スタイル探し!!
英語2
ただいま〜お腹すいた〜今日の夕飯なに？
あ〜つかれた〜
…って、おまえモノに埋もれて何やってんだよ

現在の入江家
お金・健康・マナー・家事…結婚生活に必要となる情報をできるだけたくさんご紹介してきましたがあなたの結婚生活に役立つ部分はあったでしょうか
さて、専門家の方々への取材を終え、入江家がどう変わったかと言いますと…
入江
正直、劇的に変わったわけではありません！
お金はできるだけ貯めるようがんばってるけど…
夢のマイホーム資金にはまだまだ！
チャリチャリ
料理の保存方法はバッチリ
でも肝心の料理作りの方が追いついていません
うぷ
こまめに掃除をするようになっても…
疲れているときはやっぱり汚部屋に早変わり…
実を言うと…
アレもコレもやらなくちゃ!!
主婦魂
取材直後は主婦としての使命感に燃え張り切った時期があったんですよ！

でもいきなり「デキる主婦」
に私がなれるはずもなく
1週間程度で挫折
ゼイゼイ
そのとき
結婚生活はながいんだし
自分のペースでできること
からやっていこう
と気持ちを切り替えました
40代
30代
20代
主婦は家庭における
「縁の下の力持ち」
でもやっぱり疲れちゃうときもありますよねー
フヒー
だからたまには主婦をやめて
女子になって
オシャレを
楽しんでみたり
子どもにかえって
ゲームをしてみたり。
そういう時間を持つ
ことも大事なんじゃ
ないかなと思っています
ゲーム
オシャレ(?)
無理せずノンビリと…ね
お前はノンビリすぎるけどな！
あなたも
あなたのペースで
主婦のオシゴトを
楽しんでくださいね
そして
何か困ったことがあったときは
そっとこの本で調べて
かしこい奥さまを
演出してもらえたら幸いです（笑）

あとがき

「結婚生活をテーマにした、実用的なコミックエッセイを出しませんか？」という内容のメールが届いたのは、結婚して3ヶ月が経った頃。
偶然にも冒頭で描いた「旦那のタレコミ事件」があった直後でした。
そのあまりにもすごいタイミングに驚きはしましたが、正直なところ「私みたいなダメ主婦が描いても…」と尻込みをし、最初は仕事を断ろうかと思っていた私。
しかし編集者さんから「ダメなほどいいんです！　その方が丁寧で分かりやすい本を作ることができますから！」という心強いお言葉をもらい、今回の本を制作させていただきました。

私が結婚生活で知っておきたいと思ったことのすべてを、この本に詰め込みました。
個人の趣向が出ている部分も多いと思いますが、あなたの結婚生活に少しでも役立つことがあったならば本当に嬉しいです。

最後になりますが…

取材を快く了承していただき、わかりやすく教えてくださった先生方、
こんな私をいつも温かい目で見守ってくれている新しい家族、
遠くからビッシビッシと励ましてくれた両親、兄、姉、友だち、
忙しいなか色塗りを手伝ってくれた、かなぷんとみっぽ、
仕事中ピリピリしている私を気遣い、全面的に協力してくれた旦那、
そしてダメ主婦な私を強力にサポートしてくれた担当編集の松永さん…
本当にありがとうございました！

読者のみなさまの家庭ぜんぶが、世界一しあわせになることを祈って！

入江久絵

情報提供・指導
（目次順・敬称略）

お金のこと

ファイナンシャルプランナー
辻 聡子

健康のこと

髙島クリニック
院長 髙島 正樹・正看護師 髙島 玲子
東京都新宿区上落合2-18-15　TEL 03-3371-2101

マナーのこと

「女性のマナーと人間関係」管理人
西川 瑞

料理の基本

「ずぼらママの生活知恵袋」管理人
ともすけ
HP　http://zubora-mama.com/

掃除&洗濯の基本

花王株式会社

東京都中央区日本橋茅場町1-14-10
HP　http://www.kao.co.jp/

収納の基本

Studio HAGA主宰
整理収納アドバイザー 芳賀 裕子
HP　http://www.studio-haga.com/

御協力ありがとうございました。

結婚一年生 新装版

2023年12月15日 初版発行

※本書は、2007年10月27日に発行いたしました「結婚一年生」の内容を、一部改訂して発行したものです。
登場人物のセリフや考え方などは、当時の価値観に沿ったものです。ご理解の上、お読みください。

著　入江 久絵

協力　奥津 美穂
装丁／デザイン　永野 久美
制作アシスタント　吉冨 雅奈子、織田 美春

発行者　鶴巻 謙介
発行／発売　サンクチュアリ出版
〒113-0023
東京都文京区向丘2-14-9
TEL　03-5834-2507　／FAX　03-5834-2508
URL　http://www.sanctuarybooks.jp/
E-mail　info@sanctuarybooks.jp

印刷／製本　中央精版印刷株式会社

定価およびISBNコードはカバーに記載してあります。
落丁本・乱丁本は送料弊社負担にてお取り替えいたします。
ただし、古本として購入等したものについては交換に応じられません。